VEGETARISCHES ZUM SCHLEMMEN

Meister Verlag GmbH

INHALT

VEGETARISCHES ZUM SCHLEMMEN AUS ALLER WELT

Begleiten Sie uns auf der Reise durch die Küchen der Welt und entdecken sie die besten vegetarischen Spezialitäten.

MITTELMEERRAUM

Knackige Gemüsesorten, Kräuter und Olivenöl lassen die Mittelmeerländer zu einem Schlemmerparadies für Liebhaber der vegetarischen Küche werden. Die reichlich vorhandenen Zutaten werden nur gekonnt miteinander kombiniert – etwa als »Überbackene Zucchini La Mancha« –, und schon steht Leckeres aus Ofen oder Pfanne auf dem Tisch.

AFRIKA & NAHER OSTEN

Fleisch ist in dieser Region teuer, und weil meist viele Esser satt werden wollen, spielen vegetarische Mahlzeiten eine große Rolle. Die Zubereitung der Gerichte, die häufig Hülsenfrüchte und Käse enthalten, ist traditionell nach wie vor reine Frauensache.

ASIEN & FERNER OSTEN

Hier liegt das Mekka der Vegetarier, denn Hinduismus und Buddhismus, zwei weit verbreitete Religionen Asiens, lehren den vollständigen Ver-

NEUE WELT

Gesunde Ernährung gewinnt in den Vereinigten Staaten und in Australien immer mehr an Bedeutung: Man legt Wert auf viel frisches Gemüse und besonders schonendes Garen.

MITTEL- & SÜDAMERIKA

zicht auf Fleisch. Gerichte wie »Gebratener Gemüsereis« und »Süß-saurer Chinakohl« beweisen, daß vegetarisches Essen alles andere als langweilig ist.

Die Indianer Mittel- & Südamerikas ernährten sich überwiegend vegetarisch, bevor die spanischen Eroberer Schweine, Rinder und Geflügel einführten. Dennoch sind viele der traditionellen fleischlosen Gerichte nach wie vor beliebt.

Nord- & Mitteleuropa

Bis zur Mitte des 19. Jahrhunderts war hier Getreide Hauptnahrungsmittel, Fleisch und Fisch kamen erst später hinzu. Und so wundert es nicht, daß sich zahlreiche vegetarische Rezepte, wie der »Badische Grünkern-Gemüse-Auflauf«, bis heute erhalten haben. Mittlerweile haben viele Vegetarier die altbewährten Rezepte aus Großmutters Küche wieder neu entdeckt.

Osteuropa

Die Osteuropäer sind zwar nicht gerade für Vegetarisches bekannt, doch in der bäuerlichen Küche haben deftige Speisen ohne Fleisch einen festen Platz erobert.

SERVIERTIP Bauernweißbrot oder Langkornreis rundet das Essen geschmacklich besonders gut ab.

Als Getränk trockenen Sherry oder fruchtigen Roséwein aus dem spanischen Navarra reichen.

Überbackene Zucchini »La Mancha«

Spanien

Zucchini auf die verführerischste Art: Tomatensauce mit duftenden Kräutern und Knoblauch sowie würziger Manchego verleihen ihnen die Note der spanischen Region »La Mancha«.

Zutaten
(Für 4 Portionen)

- 1 kg Zucchini

FÜR DIE SAUCE
- 2 Zwiebeln
- 4 Knoblauchzehen
- 6 EL Olivenöl
- 600 g Fleischtomaten
- Salz, schwarzer Pfeffer
- edelsüßes Paprikapulver
- 2 TL frischer Oregano
- 2 TL frischer Thymian

AUSSERDEM
- Mehl zum Wenden
- Öl für die Form
- 100 g frisch geriebener Manchego-Käse (siehe Zutatentip)

Zutatentip
Anstelle von Manchego, den es bei uns noch nicht überall zu kaufen gibt, können Sie auch Emmentaler, Pecorino, Appenzeller, oder mittelalten Gouda verwenden.

1 Für die Sauce die Zwiebeln sowie die Knoblauchzehen schälen und fein hacken. 2 EL Olivenöl in einer Pfanne erhitzen und die Zwiebeln sowie den Knoblauch darin bei schwacher Hitze glasig werden lassen.

2 Inzwischen die Tomaten blanchieren, enthäuten, entkernen und den Stielansatz entfernen. Das Fruchtfleisch grob hacken und in die Pfanne zu den Zwiebeln geben. Mit Salz, Pfeffer, 1 TL Paprikapulver, Oregano sowie Thymian würzen und 10 Minuten bei schwacher Hitze schmoren, dabei häufig umrühren. Backofen auf 200 °C vorheizen.

3 Die Zucchini waschen, putzen, vom Stielansatz befreien und in 1½ cm dicke Scheiben schneiden. Mit Salz und Pfeffer würzen und in Mehl wenden. In 2 großen, beschichteten Pfannen je 2 EL Olivenöl erhitzen und die Zucchinischeiben darin goldbraun braten, dabei einmal wenden.

4 Eine große Auflaufform mit Öl ausfetten. Die Zucchinischeiben in der Form verteilen, gleichmäßig mit der Tomatensauce bedecken und mit dem Käse bestreuen. Das Gericht im Ofen (Gas 3; Umluft 180 °C) in etwa 15 Minuten goldgelb überbacken.

Schritt 2

Schritt 3

Schritt 4

Zubereiten **40** Min. Backen **15** Min.
Pro Portion: 290 kcal/1215 kJ;
12 g EW; 22 g F; 25 g KH

Typisch spanisch
Die in Spanien am weitesten verbreitete Schafrasse ist die genügsame Manchega-Rasse. Diese Schafe liefern die Milch für den berühmten Manchego-Käse, der sich nur so nennen darf, wenn er aus der Region »La Mancha« stammt und mindestens zwei Monate gereift ist.

Fleischtomaten mit Reis-Kräuter-Füllung

Griechenland

In ausgehöhlten Fleischtomaten verbirgt sich eine Reisfüllung mit frischen Kräutern, die durch ihr feines Aroma überrascht – ein unvergeßlicher Genuß aus dem sonnigen Griechenland.

ZUTATEN

(Für 4 Portionen)

- 8 Fleischtomaten (etwa 2 kg; siehe Zutatentip)

FÜR DIE FÜLLUNG

- 1 große Zwiebel
- 6 EL Olivenöl
- 4 Knoblauchzehen
- 400 g Langkornreis (siehe Zutatentip)
- 6 EL Tomatenmark
- 800 ml Gemüsebrühe
- Salz, schwarzer Pfeffer
- je 3 TL frischer Oregano und Thymian
- 2 Bund Petersilie

Zutatentip

- Falls Fleischtomaten nicht erhältlich sind, einfach 16 kleine Tomaten verwenden.
- Anstelle von Reis eignet sich auch Grünkernschrot oder zerdrückter Schafskäse mit Knoblauch, Oliven und Kräutern hervorragend.

1 Die Zwiebel schälen und fein hacken. In einer großen Pfanne mit Deckel 4 EL Öl erhitzen und die Zwiebel darin glasig werden lassen. Die Knoblauchzehen schälen und ganz dazugeben. Den Reis und das Tomatenmark unterrühren. Die Gemüsebrühe dazugießen, aufkochen und zugedeckt bei schwacher Hitze in 20 Minuten ausquellen lassen.

Schritt 1

2 Inzwischen die Fleischtomaten waschen und an der Seite ohne Stielansatz einen etwa 1 cm hohen Deckel abschneiden. Die Kerne mit einem Teelöffel entfernen. Das Fruchtfleisch herauslösen, dabei einen etwa ½ cm dicken Rand stehenlassen. Das Fruchtfleisch kleinschneiden, zum Reis geben und alles mit Salz, Pfeffer, dem Oregano sowie dem Thymian kräftig würzen.

Schritt 2

3 Petersilie waschen und trockenschütteln. Die Blättchen fein hacken. Den Backofen auf 200 °C vorheizen. Eine große feuerfeste Form mit dem restlichen Öl ausfetten.

4 Die Petersilie unter den Reis mischen. Die Tomaten mit der Reismasse füllen und in die Form setzen. Die abgeschnittenen Deckel auf die Tomaten setzen. Im Ofen (Gas 3; Umluft 180 °C) 25 Minuten garen.

Schritt 4

Zubereiten **30** Min. Garen **25** Min.
Pro Portion: 600 kcal/2510 kJ; 14 g EW; 18 g F; 96 g KH

Typisch griechisch

Erst seit Anfang des 20. Jahrhunderts spielen Tomaten in Europa eine große Rolle, und besonders in der Küche der Mittelmeerländer sind sie unverzichtbarer Bestandteil zahlloser Gerichte geworden. Vor allem Griechenland sorgt – neben Italien und Spanien – für saftige, aromatische Tomaten aus dem Freilandanbau.

Kochtip

- Sie können die gefüllten Tomaten auch mit $\frac{1}{8}$ l Gemüsebrühe im geschlossenen Topf auf dem Herd garen. Das dauert etwa 20 Minuten und spart Energie.
- Das Gericht läßt sich prima mit Reisresten zubereiten – dann sollten Sie die Füllung etwas kräftiger würzen, da das Garen des Reises in Gemüsebrühe entfällt.

Serviertip

Reichen Sie zu den Tomaten eine gekühlte Joghurt-Kräuter-Sauce und Weißbrot sowie einen Rohkostsalat.

Ein Retsina oder ein anderer griechischer Landwein rundet das Essen stilecht ab.

AUBERGINEN »IMAM BAYILDI«

TÜRKEI

Der malerische türkische Titel für dieses leckere Gericht bedeutet übersetzt »Dem Imam schwanden vor Entzücken die Sinne« – passen Sie auf, daß es Ihnen nicht ebenso ergeht!

ZUTATEN

(Für 4 Portionen)

- 4 mittelgroße Auberginen (je etwa 250 g; siehe Zutatentip)
- 5 EL Olivenöl

FÜR DIE FÜLLUNG

- 250 g Zwiebeln
- 4-5 Knoblauchzehen
- 350 g Fleischtomaten
- 2 Bund glatte Petersilie
- Salz, schwarzer Pfeffer
- scharfes Paprikapulver
- 4 milde grüne Chilischoten

AUSSERDEM

- Olivenöl für die Form

ZUTATENTIP

Beim Kauf von Auberginen sollten Sie darauf achten, daß diese prall und frisch aussehen. Am schönsten wirken in diesem Rezept dunkelviolette Auberginen, geschmacklich unterscheiden sie sich jedoch nicht von helleren Sorten.

1 Auberginen waschen, trockentupfen. Mit einem Sparschäler längs 2 cm breite Streifen abschälen, so daß die Auberginen gestreift aussehen. Blütenansatz entfernen, Stiel jedoch daranlassen. Mit einem scharfen Messer längs eine tiefe Tasche einschneiden. Das Olivenöl in einer Pfanne erhitzen, die Auberginen darin rundum 3 Minuten anbraten.

Schritt 1

2 Den Backofen auf 180 °C vorheizen. Die Zwiebeln schälen, halbieren, in schmale Streifen schneiden und im verbliebenen Öl in der Pfanne glasig werden lassen. Den Knoblauch schälen und dazupressen.

Schritt 2

3 Tomaten blanchieren, enthäuten, halbieren, entkernen, kleinwürfeln. In die Pfanne geben, 5 Minuten mitschmoren. Petersilie waschen, trockenschütteln. Zwei Drittel fein hacken, unter die Tomaten mischen. Alles mit Salz, Pfeffer sowie Paprikapulver würzen.

4 Chilis halbieren, putzen, waschen. Eine Auflaufform mit Öl ausfetten. Füllung in den Auberginen verteilen. Mit der Öffnung nach oben in die Form setzen, je 2 Chilihälften auf je 1 Aubergine legen. ¼ l Wasser aufgießen und im Ofen (Gas 2; Umluft 160 °C) 30 Minuten garen. Mit Petersilie garnieren.

Schritt 4

Zubereiten 45 Min. Garen 45 Min.

Pro Portion: 305 kcal/1290 kJ; 5 g EW; 26 g F; 14 g KH

TYPISCH TÜRKISCH

Die Vorliebe der Türken für Zwiebeln läßt sich an einer dort weitverbreiteten Eßsitte erkennen: Man stippt rohe Zwiebeln in Salz und beißt hinein wie in einen Apfel. Dem mitteleuropäischen Gaumen dürften gegarte Zwiebeln, wie hier als Füllung, besser gefallen, auch wenn die Knollen roh sehr gesund sind.

Kochtip

Wenn Sie nur kleine Auberginen bekommen, die sich schlecht zum Füllen eignen, können Sie diese in Scheiben schneiden, kurz anbraten, in eine gefettete Form schichten und mit der Füllung bedeckt garen. Eventuell noch zerbröckelten Schafskäse darüberstreuen, dann schmeckt das Gericht noch würziger.

Serviertip

Mit frischem Sesamfladen dazu und türkischem Sirupgebäck danach wird daraus eine komplette Mahlzeit.

Ein leichter türkischer Rotwein, etwa ein Buzbag aus Südostanatolien, ergänzt das Essen sehr gut.

*R*USTIKALER PILZRISOTTO

ITALIEN

Getrocknete Steinpilze und vielerlei Gemüse verleihen diesem bäuerlichen Risotto eine feine Geschmacksnote. Ein Essen, mit dem Sie Ihre Gäste auf italienische Art verwöhnen können.

ZUTATEN

(Für 4 Portionen)

- 50 g getrocknete Steinpilze
- 1 kleine Zwiebel
- 1 kleine Stange Lauch
- 2 Möhren
- 2 Stangen Sellerie
- 150 g Kürbis
- 5 EL Butter
- 1 Knoblauchzehe
- 400 g Rundkornreis (z. B. Vialone, Arborio)
- ¼ l trockener Weißwein
- 1 Lorbeerblatt
- Salz, schwarzer Pfeffer
- 1 l heiße Gemüsebrühe
- 80 g geriebener Parmesan (siehe Zutatentip)

ZUTATENTIP

Parmesan gibt es schon fertig gerieben zu kaufen, allerdings ist er weniger aromatisch als frisch geriebener. Deshalb sollten Sie den Parmesan möglichst am Stück kaufen.

1 Die Steinpilze mit ¼ l heißem Wasser übergießen und 30 Minuten ziehen lassen. Die Zwiebel schälen und fein hacken. Den Lauch putzen, längs aufschlitzen, waschen und in feine Ringe schneiden. Die Möhren schälen und in dünne Scheiben schneiden. Den Sellerie waschen und in Scheiben schneiden. Das Kürbisfleisch aus der Schale lösen und in kleine Würfel schneiden.

Schritt 1

2 In einem breiten Topf 3 EL Butter erhitzen und die Zwiebel darin glasig werden lassen. Den Knoblauch schälen und dazupressen. Die Möhren, den Sellerie und die Kürbiswürfel 3 Minuten mit andünsten.

Schritt 3

3 Den Reis einstreuen und umrühren. Mit dem Wein ablöschen und diesen verdunsten lassen. Die Steinpilze samt Flüssigkeit untermischen und das Lorbeerblatt dazugeben. Alles mit Salz und Pfeffer würzen.

Schritt 4

4 Etwas heiße Brühe dazugießen und zugedeckt etwa 25 Minuten bei schwacher Hitze köcheln lassen, dabei häufig umrühren (siehe Kochtip) und Brühe nachgießen. Den Lauch 5 Minuten vor Ende der Garzeit untermischen. Zum Schluß restliche Butter und Parmesan einrühren, abschmecken.

Zubereiten **25** Min. Garen **45** Min.

Pro Portion: 755 kcal/3170 kJ;
24 g EW; 33 g F; 23 g KH

TYPISCH LOMBARDISCH

Obwohl die italienischen Reisanbaugebiete in der Po-Ebene im Piemont liegen, glänzt vor allem die Lombardei mit zahlreichen Reisgerichten. Eines der Lieblingsgerichte ist Risotto, der zur Karnevalszeit sogar in großen Kesseln auf den Straßen gekocht und während des bunten Treibens als Stärkung angeboten wird.

Kochtip

- Neben der Reissorte ist das häufige Umrühren besonders wichtig für das gute Gelingen des Risottos – also lieber häufiger mal in den Kochtopf schauen.
- Aus Risotto-Resten lassen sich hervorragend kleine Reispuffer ausbacken: Einfach noch ein Ei untermischen und in heißem Öl kleine Puffer braten.

Serviertip

Eine kleine Auswahl verschiedener eingelegter Antipasti mit Brot stimmt so richtig auf das italienische Essen ein.

Dazu schmeckt ein trockener Rotwein, zum Beispiel ein Barbaresco aus dem Piemont.

TOMATEN-BASILIKUM-PIZZA

ITALIEN

So muß eine Pizza sein: der Hefeteigboden dünn und kroß, der Belag saftig und würzig. Hier wird sie mit einer pikanten Tomaten-Kräuter-Mischung belegt und mit Parmesan bestreut.

ZUTATEN

(Zutaten für 1 Backblech)

FÜR DEN TEIG

- 400 g Mehl
- ½ Würfel Hefe (21 g)
- 1 Prise Zucker
- Salz
- 3 EL Olivenöl

FÜR DEN BELAG

- 1 große Zwiebel
- 2 EL Olivenöl
- 5 Knoblauchzehen
- 1 Dose Tomaten (800 g)
- 5 EL Tomatenmark
- Salz, schwarzer Pfeffer
- je 1 TL frischer Oregano und Thymian
- 1 Bund Basilikum
- 500 g frische Tomaten

AUSSERDEM

- Öl für das Blech
- 80 g geriebener Parmesan
- 2 EL Olivenöl zum Beträufeln

1 Mehl in eine Schüssel geben, in die Mitte eine Mulde drücken. Hefe hineinbröckeln, mit Zucker sowie 3 EL warmem Wasser zu einem Vorteig verrühren und zugedeckt an einem warmen Ort 10 Minuten gehen lassen. Dann mit etwa 200 ml lauwarmem Wasser, 1 TL Salz und dem Öl zu einem Teig verkneten. Zugedeckt 30 Minuten gehen lassen.

Schritt 1

2 Inzwischen Zwiebel schälen, fein hacken. In einem Topf 2 EL Öl erhitzen, Zwiebel darin glasig werden lassen. Knoblauch schälen, 2 Zehen dazupressen. Tomaten samt Saft und Tomatenmark dazugeben, zerdrücken. Sauce mit Salz, Pfeffer, Oregano und Thymian würzen. Bei schwacher Hitze 20 Minuten offen dick einkochen lassen. Basilikum waschen, trockenschütteln. ¾ des Basilikums hacken, unterrühren. Backofen auf 220 °C vorheizen. Tomaten blanchieren, enthäuten und in ½ cm dicke Scheiben schneiden.

Schritt 2

3 Ein Blech mit Öl einfetten, Teig darauf zu einer großen ovalen Pizza ausrollen. Mit Tomatensauce bestreichen, Tomatenscheiben darauflegen. Übrigen Knoblauch darüberpressen, mit Parmesan bestreuen, mit Öl beträufeln. 25 Minuten (Gas 4; Umluft 200 °C) backen. Mit übrigem Basilikum bestreuen.

Schritt 3

Zubereiten **30** Min. Gehen **40** Min. Backen **25** Min.

Pro Portion: 565 kcal/2365 kJ; 21 g EW; 19 g F; 74 g KH

TYPISCH ITALIENISCH

Jahrelang führte die Pizza in Italien ein recht stiefmütterliches Dasein, und erst nach dem Zweiten Weltkrieg verhalf der Pizzaboom in den USA dem belegten, knusprigen Teigboden zu einem Comeback in seiner Heimat. Seitdem fehlen dort Pizzen auch in nobleren Restaurants nicht mehr auf der Speisekarte.

Kochtip

- Wer häufiger Pizza selbst macht, für den lohnt sich die Anschaffung spezieller Pizzableche. Diese Bleche sorgen dafür, daß der Teigboden schön knusprig wird.
- Eilige können auf fertigen Pizzateig oder bereits geformte Pizzaböden zurückgreifen, die es im Kühlregal des Supermarktes zu kaufen gibt.

Serviertip

Als Beilage reichen Sie am besten einen grünen Salat. Zum Abschluß passen Cappuccino und Amaretti.

Italienischer Rotwein, zum Beispiel ein Chianti aus der Toskana, mundet vorzüglich zur Pizza.

GEMÜSEGRATIN 3 x ANDERS

Viel gesundes Gemüse frisch aus dem Backofen: Gratins aus aller Welt lassen sich schnell und unkompliziert zubereiten.

KARTOFFEL-KOHL-GRATIN

Zubereiten **1** Std. Backen **30** Min.

GROSSBRITANNIEN

(FÜR 4 PORTIONEN)

- 750 g mehligkochende Kartoffeln
- 1 Zwiebel
- 2 EL Butter
- 1 kleiner Weißkohl (etwa 1 kg)
- ⅛ l Gemüsebrühe
- Salz, schwarzer Pfeffer
- 2 TL Kümmel
- 3 Eier, ⅜ l Milch
- geriebene Muskatnuß
- 200 g geriebener Cheddar oder Emmentaler

AUSSERDEM

- Fett für die Form

1 Kartoffeln in einem Topf knapp mit Wasser bedecken und zugedeckt in 30 Minuten garen. Zwiebel schälen, in feine Ringe schneiden. Butter in einem Topf erhitzen, Zwiebel darin glasig werden lassen.

2 Kohl vierteln, vom Strunk befreien, quer in schmale Streifen schneiden, waschen und abtropfen lassen. Zur Zwiebel geben, 3 Minuten mit andünsten. Brühe aufgießen und 15 Minuten zugedeckt weiterdünsten.

3 Mit Salz, Pfeffer und Kümmel würzen. Eier mit der Milch verquirlen, mit Salz, Pfeffer und Muskat würzen. Backofen auf 220 °C vorheizen. Eine große Gratinform ausfetten.

4 Kartoffeln schälen, in dünne Scheiben schneiden und abwechselnd mit dem Weißkohl in die Form schichten, jede Schicht mit Salz und Pfeffer würzen und mit 2 EL Käse bestreuen. Den restlichen Käse mit der Eiermilch verrühren und darübergießen. Im Ofen (Gas 4; Umluft 200 °C) in 30 Minuten überbacken.

ÜBERBACKENER

Zubereiten **50** Min.

NIEDERLANDE

(FÜR 4 PORTIONEN)

- 1,3 kg Rosenkohl
- Salz, schwarzer Pfeffer
- 1 große Zwiebel
- 3 EL Butter
- 200 g Möhren
- 1 TL getrockneter Majoran
- 250 g Schlagsahne
- 3 Eier
- 150 g grob geriebener mittelalter Gouda
- geriebene Muskatnuß

1 Den Rosenkohl putzen, waschen und an den Strünken mit einem Messer kreuzförmig einschneiden. In kochendem Salzwasser etwa 15 Minuten garen, eiskalt abschrecken und abtropfen lassen.

ROSENKOHL

Backen **25** Min.

2 Zwiebel schälen und fein hacken. In einem breiten Topf 2 EL Butter erhitzen und die Zwiebel darin glasig werden lassen. Möhren putzen, in kleine Würfel schneiden und etwa 5 Minuten mit andünsten.

3 Den Backofen auf 220 °C vorheizen. Mit der restlichen Butter eine Gratinform ausfetten. Den Rosenkohl und die Möhren-Zwiebel-Mischung darin verteilen. Mit Salz, Pfeffer und Majoran würzen.

4 Schlagsahne, Eier und Käse verrühren. Mit Salz, Pfeffer und Muskat würzen, über den Rosenkohl gießen und in 25 Minuten (Gas 4; Umluft 200 °C) goldgelb überbacken.

GEMÜSEGRATIN MIT ROQUEFORT

Zubereiten **30** Min. Backen **30** Min.

FRANKREICH

(FÜR 4 PORTIONEN)

- 2 kleine Auberginen (etwa 500 g)
- 500 g Zucchini
- 4 EL Olivenöl
- Salz, schwarzer Pfeffer
- 2 TL getrocknete Kräuter der Provence
- 3 Knoblauchzehen
- 750 g Tomaten
- 200 g Roquefort
- 300 g Crème fraîche

1 Auberginen und Zucchini putzen, waschen und in ½ cm dicke Scheiben schneiden. In einer Pfanne 3 EL Olivenöl erhitzen und die Gemüsescheiben kurz darin anbraten. Mit Salz, Pfeffer und 1 TL Kräutern der Provence würzen. Den Knoblauch schälen und darüberpressen. Den Backofen auf 220 °C vorheizen.

2 Die Tomaten kurz blanchieren, enthäuten und in Scheiben schneiden, dabei den Stielansatz entfernen. Eine Gratinform mit dem restlichen Olivenöl ausfetten. Das Gemüse dachziegelartig hineinlegen, mit Salz, Pfeffer und den restlichen Kräutern der Provence würzen.

3 Den Roquefort in einer Schüssel mit einer Gabel zerdrücken und mit der Crème fraîche mischen. Die Käsemischung gleichmäßig über das Gemüse in der Form geben. Das Gratin 25 Minuten (Gas 4; Umluft 200 °C) überbacken.

WALDVIERTLER GEMÜSESTRUDEL

ÖSTERREICH

Herzhaft und bodenständig ganz ohne Fleisch: Saftiger Quark, gemischt mit knackigen Gemüsesorten, wird kräftig gewürzt, in zarten Strudelteig gehüllt und dann im Backofen gebacken.

ZUTATEN
(Für 4 Portionen)

FÜR DEN TEIG
- 250 g Mehl, 1 Ei
- 4 EL geschmolzene Butter
- ½ TL Salz

FÜR DIE FÜLLUNG
- 1 Kohlrabi (etwa 350 g)
- 200 g Möhren
- 1 Zucchini (etwa 200 g)
- 1 Stange Lauch (150 g)
- Salz, schwarzer Pfeffer
- 2 Eier
- 500 g Quark (20% F. i. Tr.)
- 2 Knoblauchzehen
- 2 EL gehackte Petersilie
- geriebene Muskatnuß

AUSSERDEM
- Mehl für das Tuch
- Fett für das Backblech
- 1 EL Schlagsahne

ZUTATENTIP
Fertig ausgerollter Strudelteig, den es in gut sortierten Supermärkten gibt, spart Zeit.

1 Mehl, Ei, Butter, Salz und 3 EL Wasser zu einem glatten Teig verkneten. Falls nötig, noch etwas Wasser dazugeben. Teig zur Kugel formen und zugedeckt in einer Schüssel 30 Minuten ruhen lassen (siehe Kochtip).

2 Die Gemüse waschen und je nach Sorte schälen oder putzen, dann in Würfel oder Ringe schneiden. Kohlrabi und Möhren in kochendem Salzwasser 4 Minuten, Zucchini und Lauch 2 Minuten blanchieren, eiskalt abschrecken und gut abtropfen lassen.

3 Eines der Eier trennen. Eiweiß, das zweite Ei und Quark verrühren. Knoblauch schälen, dazupressen. Petersilie und Gemüse unterrühren, mit Salz, Pfeffer und Muskat würzen. Backofen auf 200 °C vorheizen.

4 Teig auf einem bemehlten Tuch zu einem Rechteck von 50 x 70 cm ausrollen. Füllung darauf geben, einen 3 cm breiten Rand lassen. Seiten einschlagen, Strudel mit Hilfe des Tuches von der Längsseite her aufrollen.

5 Blech einfetten, Strudel daraufstürzen. Restliches Eigelb mit Sahne verquirlen und den Strudel damit bestreichen. Strudel 40 Minuten (Gas 3; Umluft 180 °C) backen.

Schritt 2

Schritt 4

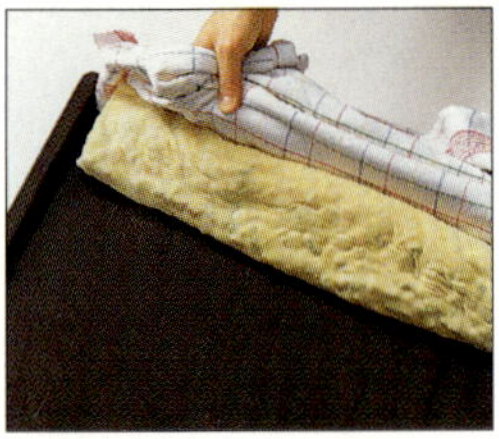

Schritt 5

Zubereiten **1** Std. Backen **40** Min.
Pro Portion: 600 kcal/2515 kJ;
32 g EW; 27 g F; 58 g KH

TYPISCH ÖSTERREICHISCH
Vor allem im Norden Österreichs, zum Beispiel im Waldviertel, haben süße und herzhafte Strudel eine lange Tradition. Mit großer Fingerfertigkeit beherrschen dort Hausfrauen und Bäcker das hauchdünne Ausziehen des Teiges, der erst dann richtig gelungen ist, wenn man durch ihn hindurch eine Zeitung lesen kann.

KOCHTIP

Damit der Strudelteig beim Ausrollen nicht reißt, sollten Sie unbedingt darauf achten, daß er sehr geschmeidig ist und sich gut ausziehen läßt. Um ein Austrocknen während des Ruhens zu verhindern, können Sie die Teigkugel leicht mit geschmolzener Butter oder Öl bestreichen.

SERVIERTIP

Frische Tomatensauce und gemischter Salat mit Vinaigrette schmecken einfach am besten zum Strudel.

Köstlich dazu: ein Wein aus Österreich, etwa ein grüner Veltliner oder ein Riesling aus der Wachau.

SERVIERTIP Bereiten Sie kleine Quiches zu, die sich gut als warmer oder kalter Partysnack eigenen.

Erwachsenen bietet man Weißwein an, etwa einen Fendant. Kinder lieben Möhren-Orangen-Saft.

EMMENTALER GEMÜSEQUICHE

SCHWEIZ

ZUTATEN

(Für 1 Springform, 26 cm Ø)

FÜR DEN TEIG

- 150 g Quark (20% F. i. Tr.)
- Salz, 3 EL Olivenöl
- 1 Ei
- 200 g Mehl

FÜR DEN BELAG

- 500 g Fleischtomaten
- je 1 rote und grüne Paprikaschote
- 250 g Zucchini
- 1 Bund Frühlingszwiebeln
- 2 EL Butter
- 2 Knoblauchzehen
- Salz, schwarzer Pfeffer
- Cayennepfeffer
- 250 g Schlagsahne
- 150 g geriebener Emmentaler
- 1 Ei
- geriebene Muskatnuß

AUSSERDEM

- Fett für die Form
- Mehl für die Arbeitsfläche

Was wäre ein Schweizer Gemüsekuchen ohne würzigen Käse und Sahne? Dieses Rezept jedenfalls vereint beides in einer fein abgeschmeckten Füllung auf knusprigem Quark-Mürbeteig.

1 Quark in einem Sieb gut abtropfen lassen und in eine Schüssel geben. 1 TL Salz, Öl, Ei sowie Mehl dazugeben und mit den Knethaken des Handrührgerätes zu einem glatten Teig verarbeiten. Zu einer Kugel formen und zugedeckt 30 Minuten kühl stellen.

2 Tomaten kurz blanchieren, enthäuten und achteln, dabei den Stielansatz entfernen. Paprikaschoten und Zucchini putzen, waschen und in kleine Würfel schneiden.

3 Frühlingszwiebeln putzen, waschen, in Ringe schneiden. Butter in einer großen Pfanne erhitzen. Paprikaschoten, Zucchini und Frühlingszwiebeln darin bei mittlerer Hitze 3 Minuten dünsten. Knoblauch schälen, dazupressen. Mit Salz, Pfeffer und Cayennepfeffer würzen. Tomaten untermischen.

4 Backofen auf 200 °C vorheizen. Springform ausfetten. Teig auf bemehlter Fläche etwa 4 mm dick ausrollen, in die Form legen und einen Rand von 3 cm hochziehen.

5 Gemüse auf dem Teig verteilen. Sahne, Käse und Ei mischen. Mit Salz, Pfeffer, Muskat würzen, über das Gemüse gießen. 40 Minuten (Gas 3; Umluft 180 °C) backen.

Schritt 1

Schritt 3

Schritt 4

Zubereiten **40** Min. Backen **40** Min.
Pro Portion: 725 kcal/3040 kJ;
33 g EW; 42 g F; 53 g KH

TYPISCH SCHWEIZERISCH

Mit Käse wußten die Schweizer schon immer viel anzufangen: Bis ins 18. Jahrhundert diente er als Tauschmittel, und heute ist er einer ihrer Touristenattraktionen. Originell lassen sich die Käsespezialitäten im »Käse-Express« probieren, der täglich von Basel nach Brig zockelt.

BADISCHER GRÜNKERN-GEMÜSE-AUFLAUF

DEUTSCHLAND

Ein typisches Gericht aus Süddeutschland, bei dem Grünkern mit seinem herzhaften, leicht rauchigen Geschmack den perfekten Kontrast zu einer milden Gemüsemischung bildet.

ZUTATEN
(Für 4 Portionen)

- 250 g Grünkern (siehe Zutatentip)
- ½ l Gemüsebrühe
- 1 große Zwiebel
- 2 EL Sonnenblumenöl
- 250 g Möhren
- 250 g Brokkoli
- 250 g Lauch
- 1 Bund glatte Petersilie
- Salz, schwarzer Pfeffer
- 200 g frisch geriebener Allgäuer Bergkäse
- edelsüßes Paprikapulver
- 250 g Schlagsahne
- 2 Eier

AUSSERDEM

- Fett für die Form

ZUTATENTIP

Grünkern erhalten Sie in der Reformabteilung des Supermarktes oder im Naturkostladen. Ganze Körner lassen sich bis zu 2 Jahren lagern.

1 Grünkern in einem Sieb unter fließend kaltem Wasser abspülen. Mit der Brühe in einen Topf geben, aufkochen, 10 Minuten zugedeckt köcheln, dann 20 Minuten bei schwacher Hitze ausquellen lassen. Zwiebel schälen, fein hacken. Öl in einem Topf erhitzen, Zwiebel darin glasig werden lassen.

Schritt 1

2 Inzwischen Möhren schälen und kleinwürfeln. Brokkoli waschen und in kleine Röschen teilen. Den Stiel schälen und kleinwürfeln. Lauch putzen, längs aufschlitzen, waschen und in ½ cm breite Ringe schneiden.

Schritt 2

3 Petersilie waschen, trockenschütteln und fein hacken. Reichlich Salzwasser aufkochen und das Gemüse nacheinander 3 Minuten darin blanchieren, in ein Sieb geben, eiskalt abschrecken und gut abtropfen lassen.

4 Backofen auf 200 °C vorheizen und eine Auflaufform ausfetten. Zwiebel, Gemüse, Petersilie und die Hälfte des Käses unter den Grünkern mischen. Mit Salz, Pfeffer und Paprikapulver würzen und in die Auflaufform füllen. Schlagsahne und Eier verquirlen, den restlichen Käse untermischen. Die Masse über den Auflauf in der Form gießen und im Ofen (Gas 3; Umluft 180 °C) 35 Minuten backen.

Schritt 4

Zubereiten **45** Min. Backen **35** Min.
Pro Portion: 481 kcal/2018 kJ;
20 g EW; 40 g F; 11 g KH

TYPISCH DEUTSCH

Dem Zufall ist es zu verdanken, daß Grünkern schon seit etwa 300 Jahren den Speisezettel der süddeutschen Bevölkerung bereichert: Schlechtes Wetter nötigte die Bauern, ihren Dinkel unreif zu ernten, und um ihn haltbar zu machen, darrten sie ihn im Ofen. Das Ergebnis war der äußerst schmackhafte Grünkern.

Kochtip

- Nicht ganz so körnig wird der Auflauf, wenn Sie grob geschroteten Grünkern oder Hirse verwenden.
- Aus der Grünkern-Gemüse-Masse lassen sich auch Bratlinge zubereiten: Einfach Semmelbrösel zugeben, bis ein formbarer Teig entsteht, und in heißem Öl in einer Pfanne kleine Küchlein ausbacken.

Serviertip

Mit einer Heidelbeer-Quarkspeise als Nachtisch erhalten Sie ein vollwertiges Essen, das jedem schmeckt.

Apfelsaftschorle, Bier oder Mineralwasser sind die idealen Begleiter zu diesem Gericht.

IRISCHER BROTAUFLAUF

IRLAND

ZUTATEN

(Für 4 Portionen)

- 500 g altbackenes Kastenweißbrot oder altbackene Brötchen
- 3 EL Butter
- Salz, schwarzer Pfeffer
- 1 TL edelsüßes Paprikapulver
- ¼ l Gemüsebrühe (siehe Zutatentip)
- 2 Zwiebeln (siehe Zutatentip)
- 1 Bund Petersilie
- 250 g Schlagsahne
- 5 Eier
- 150 g Cheddar

ZUTATENTIP

- Die Gemüsebrühe läßt sich prima durch Weißwein oder Apfelmost ersetzen.
- Anstelle der Zwiebeln können Sie auch blanchierte, schmale Frühlingszwiebel- oder Lauchringe verwenden.

Herzhafter Cheddar-Käse bringt den typischen Geschmack in diesen irischen Auflauf, der sich aus nur wenigen Zutaten im Handumdrehen und ganz einfach zubereiten läßt.

1 Das Kastenweißbrot oder die Brötchen mit einem scharfen Messer in etwa 1 cm dicke Scheiben schneiden. Eine große Auflaufform mit 1 EL Butter ausfetten. Die Brotscheiben dachziegelartig hineinlegen und mit Salz, Pfeffer sowie Paprikapulver würzen.

Schritt 1

2 Den Backofen auf 220 °C vorheizen. Die Gemüsebrühe gleichmäßig auf die Weißbrotscheiben träufeln, damit sie sich gut vollsaugen können. Die Zwiebeln schälen und fein hacken. Die Petersilie waschen und gut trockenschütteln. Die Blättchen von den Stielen zupfen und fein hacken.

Schritt 2

3 Die restliche Butter in einer Pfanne erhitzen und die gehackten Zwiebeln darin glasig werden lassen. Die Petersilie zu den Zwiebeln in die Pfanne geben und kurz mit andünsten. Die Mischung gleichmäßig auf den Weißbrotscheiben in der Form verteilen.

4 Die Schlagsahne mit den Eiern in einer Schüssel verquirlen. Den Cheddar fein reiben und unter die Sahne-Eier-Mischung rühren. Alles gleichmäßig über die Weißbrotscheiben gießen. Den Auflauf im Ofen (Gas 4; Umluft 200 °C) in etwa 30 Minuten goldgelb überbacken. Sofort servieren.

Schritt 4

Zubereiten **20** Min. Backen **30** Min.
Pro Portion: 823 kcal/3453 kJ;
21 g EW; 47 g F; 70 g KH

TYPISCH IRLÄNDISCH

Die »grüne Insel« Irland hat an Natur und Kultur allerhand zu bieten, was eine Entdeckungsreise wert ist. Zwischendurch können sich die hungrigen Urlauber in liebevoll hergerichteten »Tea-Rooms« und Cafeterien stärken, die neben selbstgebackenem Kuchen auch fast immer herzhafte Kleinigkeiten anbieten.

Kochtip

Auch als süße Variante schmeckt dieser Auflauf köstlich: Tränken Sie dazu das Weißbrot mit ¼ l Milch, bestreuen Sie die Scheiben mit Zucker sowie Zimt und verteilen Sie Apfelscheiben und Rosinen darauf. Zum Schluß die Eier-Sahne-Mischung (ohne den Käse) darübergießen und den Auflauf backen.

Serviertip

Mit einem saftigen Salat aus Tomaten, Zwiebelringen und reichlich Kräutern wird daraus ein komplettes Essen.

Ganz typisch ist irisches Bier, etwa ein Guiness. Für Kinder eignet sich Malzbier hervorragend.

SERVIERTIP Als Beilage zu diesen würzig gefüllten Zwiebeln schmeckt flockiges Kartoffelpüree sehr gut.

Zu solch einem bodenständigen Gericht paßt kühles Bier oder Apfelsaft einfach am besten.

VÄRMLÄNDER GEMÜSEZWIEBELN

SCHWEDEN

Gemüsezwiebeln, wie man sie im hohen Norden liebt: herzhaft mit einer Haferflocken-Pilz-Mischung gefüllt. Selbst passionierte Fleischesser lassen sich damit leicht an den Tisch locken.

ZUTATEN
(Für 4 Portionen)

- 4 Gemüsezwiebeln (je etwa 500 g)

FÜR DIE FÜLLUNG

- 250 g Champignons
- 2 EL Butter
- 100 g grobe Haferflocken (siehe Zutatentip)
- ⅛ l Gemüsebrühe
- 1 Bund Petersilie
- 1 EL gehackte Haselnüsse
- Salz, schwarzer Pfeffer
- 1 TL Currypulver
- 1 EL Zitronensaft
- 2 Äpfel (etwa 400 g)
- 1 TL frischer Thymian
- 350 ml Apfelwein

AUSSERDEM

- Butter für die Form

ZUTATENTIP
Mit ganzen Haferkörnern geht es genauso, nur müssen diese 40 Minuten vorkochen.

1 Zwiebeln schälen, je einen 2 cm hohen Deckel abschneiden. Zwiebeln ohne die Deckel in einem Topf mit Wasser bedecken und zugedeckt etwa 20 Minuten garen.

Schritt 1

2 Zwiebeldeckel fein hacken. Champignons putzen, kleinschneiden. Butter in einer Pfanne zerlassen, gehackte Zwiebeln und Pilze darin 10 Minuten bei schwacher Hitze dünsten. Haferflocken in einer Schüssel mit Brühe übergießen, zugedeckt 10 Minuten quellen lassen. Petersilie waschen, trockenschütteln. Blättchen fein hacken, mit Pilzen, Nüssen sowie Haferflocken mischen. Mit Salz, Pfeffer, Currypulver und Zitronensaft würzen.

Schritt 3

3 Backofen auf 220 °C vorheizen. Ganze Zwiebeln abtropfen und etwas abkühlen lassen. Mit einem Löffel aushöhlen, dabei einen 1 cm dicken Rand stehen lassen. Eine Gratinform ausfetten. Füllung auf die Zwiebeln verteilen, diese in die Form setzen.

Schritt 4

4 Äpfel schälen, entkernen, grob würfeln. Ausgehöhltes Zwiebelfleisch sehr klein schneiden und mit den Apfelwürfeln um die Zwiebeln streuen. Mit Salz, Pfeffer und Thymian würzen. Mit Apfelwein umgießen und 20 Minuten (Gas 4; Umluft 200 °C) garen.

Zubereiten **40** Min. Garen **20** Min.
Pro Portion: 444 kcal/1864 kJ;
27 g EW; 14 g F; 62 g KH

TYPISCH SCHWEDISCH
Beim schwedischen »Smörgåsbord« verlocken kalte und warme Speisen auf einem Büfett zum geselligen Beisammensein. Der Ursprung dieses Essens, das die Schweden heute hauptsächlich an Festtagen zubereiten, liegt in den traditionellen Alltags-Mahlzeiten der Landbevölkerung.

Böhmische Kartoffelnudeln

Tschechien

Zutaten
(Für 4 Portionen)

Für die Nudeln
- 1 kg mehligkochende Kartoffeln (z. B. Primura; siehe Zutatentip)
- Salz, schwarzer Pfeffer
- 2 EL Butter
- 200 g Mehl
- 2 Eier
- geriebene Muskatnuß

Für die Zwiebeln
- 2 große Zwiebeln
- 4 EL Butter

Zutatentip
Falls Sie nur festkochende Kartoffeln zur Hand haben, mischen Sie einfach noch mehr Mehl oder auch etwas Kartoffelstärke unter den Teig – und zwar gerade soviel, daß ein formbarer Teig entsteht.

Die Böhmen verstehen sich bestens auf die Zubereitung von Kartoffeln. Hier eine ungewöhnliche, aber köstliche Variante: Nudeln aus Kartoffelteig, serviert mit geschmelzten Zwiebeln.

1 Die Kartoffeln schälen, vierteln, in einen Topf geben, knapp mit Salzwasser bedecken und etwa 15 Minuten garen. In ein Sieb abgießen und sofort durch die Kartoffelpresse in eine Schüssel drücken. Die Kartoffeln etwas abkühlen lassen, 2 EL Butter, das Mehl und die Eier untermischen. Die Masse mit Salz, Pfeffer und Muskat kräftig würzen und zu einem formbaren Teig verkneten.

Schritt 1

2 In einem großen Topf reichlich Salzwasser aufkochen lassen. Aus dem Kartoffelteig mit bemehlten Händen 8 cm lange, daumendicke Nudeln formen, die an den Enden spitz zulaufen. Die Nudeln in das kochende Wasser geben und bei schwacher Hitze im offenen Topf etwa 15 Minuten garziehen.

Schritt 2

3 Inzwischen die Zwiebeln schälen und kleinwürfeln. Die 4 EL Butter in einer Pfanne erhitzen und die Zwiebelwürfel darin bei mittlerer Hitze unter Rühren anbräunen.

4 Die Kartoffelnudeln mit einem Schaumlöffel aus dem Salzwasser heben und dabei sehr gut abtropfen lassen. Dann auf eine vorgewärmte Platte geben oder auf 4 Tellern anrichten. Die gebräunten Zwiebeln gleichmäßig auf die Kartoffelnudeln verteilen.

Schritt 4

Zubereiten **40** Min. Garen **30** Min.
Pro Portion: 495 kcal/2065 kJ;
14 g EW; 14 g F; 76 g KH

Typisch böhmisch
Im rauhen Klima des Böhmerwaldes gedeihen Kartoffeln selbst dann noch, wenn Korn und Kraut schon nicht mehr reifen. Kein Wunder also, daß die robusten Knollen fast immer mit auf dem Tisch stehen – und weil das so ist, heißen sie bei den Einheimischen auch »allawal«, was auf hochdeutsch »immer« bedeutet.

Kochtip

- Aus dem Kartoffelteig können Sie statt Nudeln auch kleine Plätzchen formen, die dann in heißem Butterschmalz beidseitig goldbraun gebraten werden.
- Wer das Gericht mit Fleisch mag, kann 100 g Speckwürfel und 1 gehackte Zwiebel anbraten und unter den Kartoffelteig mischen. Dazu schmeckt Sauerkraut.

Serviertip

Schleckermäuler sollten die süße Version probieren: Ungewürzte Nudeln mit Butter, Mohn und Puderzucker servieren.

Lecker – und typisch – ist dazu ein Pilsener- oder ein Budweiser-Bier aus Tschechien.

FRITIERTE KÄSEBÄLLCHEN »BALATON«

UNGARN

Die ungarische Küche besticht durch schlichte Mahlzeiten, die dennoch nichts an Raffinesse vermissen lassen. Hauptzutat in diesem Gericht ist Schafskäse, kräftig gewürzt und fritiert.

ZUTATEN

(Für 4 Portionen)

- 350 g Schafskäse (siehe Zutatentip)
- 100 g Semmelbrösel (siehe Zutatentip)
- 2 Eier
- 2 Knoblauchzehen
- 1 Bund Petersilie
- Salz, schwarzer Pfeffer
- 1 TL scharfes Paprikapulver

AUSSERDEM

- ½ l Öl zum Fritieren

ZUTATENTIP

- Anstelle des Schafskäses können Sie Roquefort oder Gorgonzola verwenden. Dann mit dem Würzen vorsichtig sein, weil diese Käsesorten noch aromatischer sind.
- Ersetzen Sie die Hälfte der Semmelbrösel einmal durch 50 g gemahlene Haselnüsse oder Mandeln.

1 Den Schafskäse in eine Schüssel geben und mit einer Gabel fein zerdrücken. Die Semmelbrösel sowie die Eier dazugeben und alles zu einer geschmeidigen Masse vermischen. Zugedeckt 10 Minuten ziehen lassen.

2 Die Knoblauchzehen schälen und durch die Knoblauchpresse zur Käsemasse in die Schüssel drücken. Die Petersilie waschen und trockenschütteln. Die Blättchen abzupfen und fein hacken. Die Hälfte davon zur Käsemasse geben und diese mit Salz, Pfeffer und Paprikapulver kräftig würzen. Alles gut mit den Händen oder den Knethaken des Handrührgerätes geschmeidig verkneten.

3 Den Teig nochmals abschmecken. Dann mit den Händen 20 Bällchen von etwa 4 cm Durchmesser formen. Das Öl in einer Friteuse oder einem hohen Topf erhitzen.

4 Die Käsebällchen im heißen Öl (siehe Kochtip) in etwa 5 Minuten goldbraun fritieren. Mit einem Schaumlöffel herausheben und auf Küchenpapier abtropfen lassen. Die Bällchen in einer vorgewärmten Schüssel oder auf 4 Tellern anrichten und mit der restlichen gehackten Petersilie bestreuen.

Schritt 1

Schritt 3

Schritt 4

Zubereiten **25** Min.
Fritieren **15** Min.
Pro Portion: 580 kcal/2465 kJ; 29 g EW; 16 g F; 18 g KH

TYPISCH UNGARISCH

Fast 200 kg Molkereiprodukte und mehr als 300 Eier verzehrt ein Ungar durchschnittlich im Jahr, was ob solcher Gerichte wie den Käsebällchen nicht verwundern mag. Auch ansonsten zählt die ungarische Küche nicht gerade zu den leichtesten, und meist ist das Essen alles andere als vegetarisch.

KOCHTIP

Achten Sie darauf, daß das Öl richtig heiß ist, damit sich die Bällchen nicht unnötig mit Fett vollsaugen. Mit Hilfe eines Holzkochlöffels können Sie feststellen, ob das Öl die richtige Temperatur hat: Wenn an dem hineingehaltenen Stiel kleine Bläschen nach oben steigen, kann das Fritieren der Bällchen beginnen.

SERVIERTIP

Gemischter Blattsalat mit einer Vinaigrette und frisches Bauernweißbrot ergänzen die Käsebällchen perfekt.

Kräftiger ungarischer Weißwein, etwa ein Tokajer, paßt besonders gut zu dem deftigen Gericht.

Bunte Gemüse-Eier-Pfanne

Bulgarien

Bunt und gesund ist diese Mischung aus viel knackigem Gemüse, aromatischem Schafskäse und Eiern – Lebensmittel, die in Bulgarien traditionell so manche Mahlzeit bereichern.

Zutaten

(Für 4 Portionen)

- 500 g Paprikaschoten (rot, gelb, grün; siehe Zutatentip)
- 600 g Fleischtomaten
- 2 Zwiebeln
- 3 Knoblauchzehen
- 1 Bund Petersilie
- 4 EL Olivenöl
- Salz, schwarzer Pfeffer
- 200 g Schafskäse (z. B. Feta oder Kaschkawal)
- 4 Eier

Zutatentip

Rote Paprikaschoten gibt es schon gehäutet in Gläsern verschiedener Größe zu kaufen. Falls Sie sich die Arbeit des Häutens sparen möchten, können Sie auf diese Konservenware zurückgreifen. Das Gericht verliert dann zwar etwas an Farbe, doch der Geschmack ändert sich kaum.

1 Den Backofen auf 250 °C vorheizen. Die Paprikaschoten waschen und etwa 20 Minuten auf den Rost (Gas 5; Umluft 230 °C) legen, bis die Haut Blasen wirft. Herausnehmen, etwas abkühlen lassen, häuten, putzen und in 1 cm breite Steifen schneiden.

2 Die Stielansätze der Tomaten entfernen und die Haut kreuzweise einritzen. Die Tomaten kurz überbrühen, enthäuten, halbieren und entkernen. Die Zwiebeln und die Knoblauchzehen schälen, beides fein hacken. Die Petersilie waschen und trockenschütteln. Die Blättchen abzupfen und fein hacken.

3 Das Olivenöl in einer großen Pfanne mit Deckel erhitzen, Zwiebeln und Knoblauch darin glasig werden lassen. Die Tomaten sowie die Paprika dazugeben, salzen und pfeffern. 10 Minuten schmoren, bis die Flüssigkeit fast vollständig verdunstet ist. Den Schafskäse in das Gemüse bröckeln und mit der gehackten Petersilie untermischen.

4 Die Eier verquirlen, salzen und pfeffern, dann über das Gemüse gießen. Bei schwacher Hitze etwas stocken lassen, dabei ab und zu umrühren. Den Deckel auflegen und weitere 8-10 Minuten garen.

Schritt 1

Schritt 2

Schritt 3

Zubereiten **25** Min. Garen **30** Min.
Pro Portion: 460 kcal/1940 kJ;
26 g EW; 37 g F; 22 g KH

Typisch bulgarisch

Nicht zu Unrecht wird die bulgarische Küche auch »Küche der Hundertjährigen« genannt, denn viele gesunde Lebensmittel tragen zum hohen Alter der Bewohner bei. Auch Kaschkawal-Käse zählt dazu, der als Frisch- oder Schnittkäse seit Jahrhunderten aus Schafsmilch hergestellt und sogar exportiert wird.

KOCHTIP

Damit sich die Mühe des Häutens von Paprikaschoten richtig lohnt, probieren Sie einmal folgendes aus: gleich eine größere Menge Schoten enthäuten und diese mit einigen geschälten Knoblauchzehen in Olivenöl einlegen. Dann mindestens einen Tag marinieren – so erhalten Sie eine köstliche Vorspeise.

SERVIERTIP

Das bäuerliche Gericht wird sehr gut durch Salzkartoffeln ergänzt. Als Dessert schmeckt frisches Obst.

Kräftiger bulgarischer Rotwein ist der ideale Begleiter. Kindern können Sie Traubensaft servieren.

PAPRIKASCHOTEN MIT SCHAFSKÄSE

BOSNIEN-HERZEGOWINA

Mit Käse gefüllte Paprikaschoten gehören zum Feinsten, was die vegetarische Küche zu bieten hat. Und vor allem in Osteuropa versteht man sich meisterhaft auf die Zubereitung.

ZUTATEN

(Für 4 Portionen)

- 4 große grüne Paprikaschoten (etwa 1 kg)

FÜR DIE FÜLLUNG

- 250 g Schafskäse (siehe Zutatentip)
- 1 große Fleischtomate (etwa 300 g)
- 1 mittelgroße Zwiebel
- 2 EL Olivenöl
- 2 Knoblauchzehen
- 100 g entsteinte schwarze Oliven
- Salz, schwarzer Pfeffer
- ½ TL scharfes Paprikapulver
- je 1 TL frischer Thymian und Oregano

AUSSERDEM

- 80 g geriebener Käse (z. B. Gouda)

ZUTATENTIP

Anstelle des Schafskäses eignet sich auch gekochter Reis.

1 Die Paprikaschoten längs halbieren, von Stielansätzen sowie Samensträngen befreien und waschen. Mit der Öffnung nach unten auf Küchenpapier gut abtropfen lassen. Den Schafskäse in eine Schüssel geben und mit einer Gabel fein zerdrücken. Die Fleischtomate vom Stielansatz befreien, dann kurz blanchieren, enthäuten und entkernen. Das Fruchtfleisch in kleine Würfel schneiden und zu dem Schafskäse in die Schüssel geben.

Schritt 1

2 Die Zwiebel schälen und fein hacken. In einer Pfanne 1 EL Olivenöl erhitzen und die Zwiebel darin glasig werden lassen. Den Knoblauch schälen, durch die Presse dazudrücken und kurz mitdünsten. Den Pfanneninhalt zu dem Schafskäse geben. Die Oliven grob hacken und ebenfalls dazugeben. Alles mischen und mit Salz, Pfeffer, Paprikapulver, Thymian sowie Oregano würzen.

Schritt 2

3 Den Backofen auf 220 °C vorheizen. Eine Gratinform mit dem restlichen Olivenöl ausfetten. Die Schafskäsemischung in die Paprikaschoten füllen. Die Paprikaschoten in die Form setzen und mit dem geriebenen Käse bestreuen. Im Ofen (Gas 4; Umluft 200 °C) 25 Minuten goldgelb überbacken.

Schritt 3

Zubereiten **35** Min. Garen **30** Min.
Pro Portion: 510 kcal/2150 kJ;
21 g EW; 42 g F; 13 g KH

TYPISCH BOSNISCH

Trotz starker orientalischer und islamischer Einflüsse, denen Bosnien-Herzegowina im Laufe seiner Geschichte ausgesetzt war, konnte das Land seine eigenständige Küchenkultur bewahren. Das Backen am offenen Feuer unter einer speziellen Haube gehört dazu und wird auf dem Land auch heute noch praktiziert.

Kochtip

• Die gefüllten, ungebackenen Paprikas eignen sich gut zum Einfrieren. Dann unaufgetaut überbacken.

• So bereiten Sie eine Auberginensauce (siehe Serviertip) zu: 1 große Aubergine im Ofen garen, das Fruchtfleisch durch ein Sieb streichen oder pürieren. Mit Salz, Pfeffer, Knoblauch und Olivenöl abschmecken.

Serviertip

Fladenbrot und eine Auberginensauce (siehe Kochtip) sind die idealen Begleiter zu den Paprikas.

Ein Gläschen trockener Rotwein mundet vorzüglich zu den herzhaften Paprikaschoten.

KOHLROULADEN AUF ORIENTALISCHE ART

LIBANON

Der Duft des Orients steigt in die Nase, wenn diese Rouladen im Topf schmoren. Die mit Mandeln verfeinerte Spinat-Reis-Füllung wird mit Kreuzkümmel und Zitronenschale gewürzt.

ZUTATEN

(Für 4 Portionen)

- 8 große Weißkohlblätter (siehe Kochtip)

FÜR DIE FÜLLUNG

- 1 Zwiebel, 1 EL Olivenöl
- 200 g Langkornreis
- Salz, schwarzer Pfeffer
- 400 ml Gemüsebrühe
- 200 g Blattspinat
- 2 Knoblauchzehen
- 3 EL Tomatenmark
- 2 EL gehackte Mandeln
- ½ TL gemahlener Kreuzkümmel
- 1 TL abgeriebene Zitronenschale

FÜR DIE SAUCE

- 450 g Joghurt (3,5 % Fett)
- 2 Bund Minze (gehackt)
- 2 EL Zitronensaft

AUSSERDEM

- Küchengarn
- 3 EL Olivenöl
- ⅛ l Gemüsebrühe

1 Zwiebel schälen, fein hacken. In einem Topf 1 EL Öl erhitzen und die Zwiebel darin glasig werden lassen. Reis dazugeben, salzen und umrühren. 400 ml Brühe angießen, aufkochen. Reis zugedeckt bei schwacher Hitze in 20 Minuten ausquellen lassen.

2 Inzwischen den Spinat putzen, waschen, in kochendem Salzwasser blanchieren. In einem Sieb kalt abschrecken, gut ausdrücken, mittelfein hacken. Knoblauch schälen, durchpressen. Die Kohlblätter in kochendem Salzwasser 5 Minuten blanchieren. Gut abtropfen lassen. Kohlblätter auf eine Arbeitsplatte legen und die dicken Rippen flachschneiden.

3 Spinat, Knoblauch, Tomatenmark und Mandeln unter den Reis mischen. Alles mit Salz, Pfeffer, Kreuzkümmel und Zitronenschale würzen. Füllung auf den Kohlblättern verteilen, Seitenränder einschlagen und aufrollen. Mit Küchengarn zubinden.

4 In einem breiten Topf 3 EL Olivenöl erhitzen, die Rouladen rundum kräftig anbraten. Mit ⅛ l Brühe ablöschen, zugedeckt bei schwacher Hitze 15 Minuten garen. Joghurt, Minze und Zitronensaft mischen. Salzen, pfeffern, zu den Rouladen reichen.

Schritt 2

Schritt 3

Schritt 4

Zubereiten **45** Min.
Garen **25** Min.
Pro Portion: 405 kcal/1695 kJ; 12 g EW; 17 g F; 51 g KH

TYPISCH LIBANESISCH

Wie in den meisten Ländern des Nahen Ostens sind auch im Libanon Gewürze und Kräuter die Seele der Küche. Oftmals entfalten sie erst in Kombination miteinander ihren Wohlgeschmack und verleihen den Gerichten ein charakteristisches Aroma. Ein ideales Paar stellen zum Beispiel Kreuzkümmel und Minze dar.

Kochtip

Die äußeren Blätter eines Weißkohls von 750 g haben in etwa die richtige Größe für dieses Rezept. Damit sie sich leicht ablösen lassen, legen Sie am besten den ganzen Kohlkopf für einige Minuten in kochendes Wasser. Eventuell den Vorgang noch einmal wiederholen, nachdem Sie die ersten Blätter entfernt haben.

Serviertip

Reichen Sie als Vorspeise einen Salat aus Bulgur, Tomaten und Petersilie. Als Dessert passen Trockenfrüchte gut.

Ganz typisch dazu ist lauwarmer Pfefferminztee, aber auch Mineralwasser oder Bier schmeckt.

Israelische Käsepastete

ISRAEL

Ein dünner Blätterteigmantel umhüllt eine raffiniert gewürzte Schafskäse-Füllung. Ob als Hauptgericht oder als kleiner Snack: die Pastete schmeckt heiß und kalt gleichermaßen gut.

ZUTATEN

(Für 4 Portionen)

- 450 g Tiefkühl-Blätterteig

FÜR DIE FÜLLUNG

- 250 g Schafskäse (z. B. Feta)
- 300 g Joghurt (3,5% Fett)
- 5 Eier
- 2 Knoblauchzehen
- Salz, schwarzer Pfeffer
- 1 Msp. Cayennepfeffer
- ½ TL gemahlener Kreuzkümmel
- 1 Bund glatte Petersilie
- 1 Bund Minze (siehe Zutatentip)

AUSSERDEM

- Mehl zum Ausrollen
- Fett für die Form
- 1 Eigelb, 2 EL Milch

Zutatentip

Minze läßt sich ganz leicht in Töpfen auf der Fensterbank oder dem Balkon ziehen. So haben Sie immer Vorrat.

1 Die Teigplatten zum Auftauen nebeneinander auf eine Arbeitsfläche legen. Den Schafskäse in eine Schüssel geben und mit einer Gabel zerdrücken.

2 Joghurt (siehe Kochtip) und Eier in einer Rührschüssel mit den Schneebesen des Handrührgerätes aufschlagen. Die Mischung zum Käse gießen. Den Knoblauch schälen und dazupressen. Mit Salz, Pfeffer, Cayennepfeffer und Kreuzkümmel würzen. Die Petersilie sowie die Minze waschen und trockenschütteln. Die Blättchen fein hacken und unter die Käsemasse mischen.

3 Den Backofen auf 200 °C vorheizen. Die Blätterteigplatten aufeinanderlegen und auf einer bemehlten Arbeitsfläche zu einem Rechteck von etwa 30 x 25 cm ausrollen. Eine Kastenform (2 l Inhalt) ausfetten und mit dem Teig auslegen.

4 Die Käsemasse einfüllen, mit dem überlappenden Teig bedecken, die Nahtstellen zusammendrücken. Die Oberfläche mehrmals mit einer Gabel einstechen. Das Eigelb mit der Milch verquirlen, die Pastete damit einpinseln. Im Ofen (Gas 3; Umluft 180 °C) 55 Minuten backen. Aus der Form stürzen.

Schritt 2

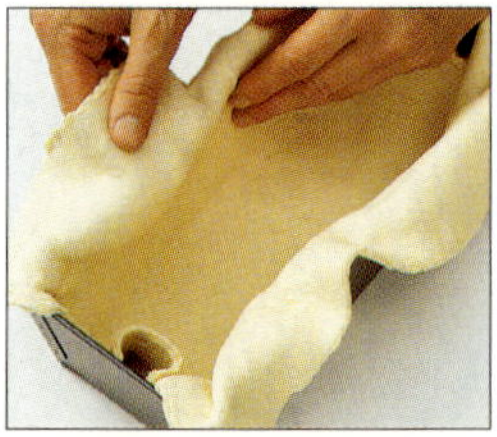

Schritt 3

Schritt 4

Zubereiten **30** Min. Backen **55** Min.
Pro Portion: 835 kcal/3500 kJ;
33 g EW; 60 g F; 41 g KH

Typisch israelisch

Israelische Mahlzeiten werden zum großen Teil von strengen jüdischen Essensregeln mitbestimmt, die unter anderem den gleichzeitigen Genuß von Milchprodukten und Fleisch verbieten. Mit Getreide hingegen dürfen Milchprodukte kombiniert werden, wie bei diesem Rezept die Käsefüllung mit dem Blätterteig.

Kochtip

- Falls Ihr Joghurt sehr flüssig ist, sollten Sie ihn kurz in einem Tuch oder feinmaschigen Sieb abtropfen lassen. Ansonsten wird die Käsemasse sehr feucht, und der Blätterteig weicht schnell durch.
- Tomatenmark bringt Farbe in die Pastete: Mischen Sie einfach 4-5 EL davon unter die Käsemischung.

Serviertip

Köstlich dazu: eine pikant gewürzte Avocadosauce und ein Salat aus jungem Spinat und filetierten Orangenspalten.

Israelischer Rotwein, Bier oder frischgepreßter Orangensaft ergänzen die Mahlzeit sehr gut.

KICHERERBSENTOPF »TAGINE«

MAROKKO

Ohne Kichererbsen wäre die marokkanische Küche um einiges ärmer. Gemischt mit anderen Gemüsesorten und orientalisch gewürzt, schmecken die gesunden Sattmacher besonders lecker.

ZUTATEN
(Für 4 Portionen)

- 500 g getrocknete Kichererbsen (siehe Zutatentip)
- 1 Lorbeerblatt
- ½ l Gemüsebrühe
- Salz, schwarzer Pfeffer
- 4 Knoblauchzehen
- ½ Bund Frühlingszwiebeln
- 2 Möhren (etwa 200 g)
- 1 grüne Paprikaschote
- 250 g Zucchini
- 2 Fleischtomaten (500 g)
- 2 EL Öl
- Cayennepfeffer
- ½ TL gemahlener Kreuzkümmel
- ½ TL gemahlener Koriander
- 1 Bund Petersilie

ZUTATENTIP
Das Gericht können Sie auch mit Kichererbsen aus der Dose zubereiten, dann entfällt Einweichen und Kochen.

1 Kichererbsen über Nacht in reichlich kaltem Wasser einweichen. Dann abgießen und mit dem Lorbeerblatt und der Gemüsebrühe in einen Topf geben. Leicht salzen und langsam aufkochen lassen. Knoblauchzehen schälen, eine dazupressen und untermischen. Zugedeckt etwa 1 Stunde köcheln lassen, bis die Erbsen weich sind (siehe Kochtip).

Schritt 1

2 Frühlingszwiebeln putzen, waschen, in feine Ringe schneiden. Möhren schälen, in Scheiben schneiden. Paprikaschote putzen, waschen, in Ringe schneiden (siehe Kochtip). Zucchini putzen, waschen, in 1 cm dicke Scheiben schneiden. Tomaten blanchieren, enthäuten, entkernen, Fruchtfleisch hacken.

Schritt 2

3 Öl in einem großen Topf erhitzen. Frühlingszwiebeln, Möhren, Zucchini, Paprika, Tomaten darin 5 Minuten andünsten. Restlichen Knoblauch dazupressen. Kichererbsen abgießen und untermischen. Mit Salz, Pfeffer, Cayennepfeffer, Kreuzkümmel und Koriander kräftig würzen. Zugedeckt weitere 15 Minuten bei schwacher Hitze garen.

Schritt 3

4 Petersilie waschen und trockenschütteln. Die Blättchen fein hacken. Das Gemüse abschmecken und Petersilie untermischen.

Einweichen **12** Std.
Zubereiten **35** Min.
Garen **1** Std. **30** Min.
Pro Portion: 485 kcal/2040 kJ; 29 g EW; 11 g F; 70 g KH

TYPISCH MAROKKANISCH
Eigentlich ist vegetarisches Essen für Marokkaner eher ungewöhnlich, zu sehr lieben sie Fleisch- und Geflügelgerichte. Doch wenn schon fleischlos, dann müssen wenigsten nahrhafte Hülsenfrüchte wie Kichererbsen mit von der Partie sein, die vor allem auf dem Land das magere Gemüseangebot bereichern.

KOCHTIP

- Falls Sie einen Dampfdrucktopf besitzen, können Sie die Kichererbsen auch darin weichkochen. Die Garzeit verkürzt sich damit auf etwa 35 Minuten.
- So erhalten Sie Paprikaringe: Am Stielansatz einen kleinen Deckel abschneiden, die Schoten putzen, gründlich waschen, dann in feine Ringe schneiden.

SERVIERTIP

Lecker dazu ein Couscous mit Rosinen oder – was wesentlich schneller geht – Fladenbrot mit Sesam.

Original wird Pfefferminztee gereicht. Es paßt aber auch Cidre oder trockener Weißwein.

BRATLINGE 3 x ANDERS

Wenn der Hunger einmal nicht so groß ist, sind die kleinen Bratlinge aus Kartoffeln oder Reis und Gemüse genau das Richtige.

REISTORTILLAS

Zubereiten **35** Min. Braten **15** Min.

PARAGUAY

(FÜR 4 PORTIONEN)

- **½ Bund Frühlingszwiebeln**
- **1 große Möhre**
- **5 EL Olivenöl**
- **2 Knoblauchzehen**
- **300 g Rundkornreis (z. B. Vialone, Arborio)**
- **1 l heiße Gemüsebrühe**
- **Salz, schwarzer Pfeffer**
- **1 Bund Petersilie**
- **1 Bund Basilikum**
- **80 g frisch geriebener Parmesan, 2 Eier**
- **2-3 EL Semmelbrösel**

1 Frühlingszwiebeln putzen, waschen und in schmale Ringe schneiden. Möhre schälen, grob raspeln. 1 EL Öl in einem Topf erhitzen. Frühlingszwiebeln und Möhre darin glasig werden lassen. Knoblauch schälen und dazupressen.

2 Den Reis in den Topf mit dem Gemüse geben und umrühren, bis alle Körnchen von einem Ölfilm umgeben sind. Nach und nach unter Rühren die Gemüsebrühe dazugießen, dabei immer wieder warten, bis der Reis die Flüssigkeit aufgesogen hat. Den Reis in etwa 25 Minuten garen, mit Salz sowie Pfeffer würzen und abkühlen lassen.

3 Petersilie und Basilikum waschen, trockenschütteln. Blättchen fein hacken, mit Parmesan und Eiern unter den Reis mischen. Soviele Semmelbrösel zugeben, daß ein formbarer, jedoch weicher Teig entsteht. Je 2 gehäufte EL der Reismasse als flache Küchlein im restlichen Öl in etwa 5 Minuten goldbraun braten, dabei einmal wenden.

KARTOFFEL

Zubereiten **40** Min.

MAURITIUS

(FÜR 4 PORTIONEN)

- **1 kg mehligkochende Kartoffeln**
- **1 mittelgroße Zwiebel**
- **4 EL Öl**
- **1 Bund Koriander**
- **etwa 150 g Mehl, 2 Eier**
- **125 g Hüttenkäse**
- **Salz, schwarzer Pfeffer**
- **1 Msp. Currypulver**
- **1 Prise gemahlener Kreuzkümmel**

AUSSERDEM

- **reichlich Butterschmalz**

1 Kartoffeln mit Wasser bedeckt 30 Minuten garen. Zwiebel schälen, fein hacken. In einer Pfanne 1 EL Öl erhitzen

LAUCHTÄTSCHLI

Zubereiten **30** Min. Braten **15** Min.

SCHWEIZ

(FÜR 4 PORTIONEN)
- **800 g mehligkochende Kartoffeln**
- **2 Stangen Lauch (etwa 300 g)**
- **Salz, schwarzer Pfeffer**
- **100 g Mehl**
- **2 Eier**
- **geriebene Muskatnuß**

AUSSERDEM
- **3 EL Butterschmalz**

1 Die Kartoffeln waschen, in einen Topf geben, knapp mit Wasser bedecken und in 30 Minuten zugedeckt garen.

2 Den Lauch putzen, längs aufschlitzen, waschen und in feine Ringe schneiden. Reichlich Salzwasser zum Kochen bringen. Den Lauch darin 1 Minute blanchieren, eiskalt abschrecken, gut abtropfen lassen und fest ausdrücken.

3 Die Kartoffeln abgießen, pellen, etwas auskühlen lassen und grob raspeln. Mit dem Lauch, dem Mehl und den Eiern mischen. Mit Salz, Pfeffer und Muskatnuß kräftig würzen.

4 Aus der Masse mit den Händen 12 handtellergroße Küchlein formen. Butterschmalz erhitzen und die Küchlein darin auf jeder Seite in etwa 4 Minuten goldgelb braten.

KOTELETTS

Braten **25** Min.

und die Zwiebel darin glasig werden lassen. Koriander waschen, Blättchen fein hacken.

2 Kartoffeln abgießen, pellen, durchpressen, abkühlen. 100 g Mehl, Eier, Käse, Zwiebel und Koriander dazugeben.

3 Mit Salz, Pfeffer, Currypulver und Kreuzkümmel würzen. Zu einem formbaren Teig verarbeiten. Falls er zu weich ist, noch Mehl dazugeben.

4 Teig zu einer dicken Rolle formen und in 1½ cm dicke Scheiben schneiden. Mit den Händen zu Küchlein formen. Butterschmalz erhitzen, die Küchlein darin auf jeder Seite in 5 Minuten goldbraun braten.

INDISCHE GEMÜSEBÄLLCHEN

INDIEN

Die angenehm scharfen Bällchen aus Kartoffeln, Kichererbsen und Gemüse kommen knusprig fritiert auf den Tisch. Dazu gibt es eine fein-fruchtige Tomatensauce mit exotischem Flair.

ZUTATEN
(Für 4 Portionen)

FÜR DIE GEMÜSEBÄLLCHEN
- ½ Blumenkohl (etwa 700 g)
- 300 g mehligkochende Kartoffeln
- Salz, schwarzer Pfeffer
- 1 Dose Kichererbsen (240 g Abtropfgewicht)
- 150 g Kichererbsenmehl (siehe Zutatentip)
- 1 TL gemahlener Kreuzkümmel

FÜR DIE SAUCE
- 1 Dose Tomaten (800 g)
- 2 cm frische Ingwerwurzel
- 1 Chilischote
- 3 TL Currypulver
- 1 Bund Koriander, ersatzweise Petersilie

AUSSERDEM
- ½ l Öl zum Fritieren

ZUTATENTIP

Kichererbsenmehl erhalten Sie am besten im Asienladen.

1 Blumenkohl putzen, in Röschen teilen, waschen. Kartoffeln schälen, in Stücke schneiden. Beides in Salzwasser zugedeckt in 15 Minuten weichkochen, abgießen, abtropfen lassen. Kichererbsen abtropfen lassen, pürieren. Blumenkohl und Kartoffeln durch die Presse drücken, abkühlen lassen, dann mit Kichererbsenpüree und -mehl verkneten.

Schritt 1

2 Für die Sauce Tomaten samt Saft in einen Topf geben und mit einer Gabel zerdrücken. Ingwer schälen und fein hacken. Chili putzen, waschen und kleinschneiden. Ingwer und Chili untermischen. Alles aufkochen und 10 Minuten offen köcheln lassen.

Schritt 2

3 Currypulver untermischen, salzen, pfeffern und weitere 10 Minuten köcheln lassen. Koriander waschen, trockenschütteln. Die Blättchen fein hacken, die Hälfte unter die Sauce rühren und diese abschmecken.

4 Übrigen Koriander zum Teig geben, mit Salz, Pfeffer und Kreuzkümmel würzen. Öl in einem hohen Topf erhitzen. Aus der Masse 20 Bällchen formen, diese in etwa 6 Minuten goldbraun fritieren. Auf Küchenpapier abtropfen lassen und in eine Schüssel geben. Die Sauce darauf verteilen.

Schritt 4

Zubereiten **1** Std. Fritieren **12** Min.
Pro Portion: 560 kcal/2350 kJ; 25 g EW; 16 g F; 80 g KH

TYPISCH INDISCH

Kaum ein anderes Land kann mit so viel Erfahrung und Raffinesse in der vegetarischen Küche aufwarten wie Indien. Schon seit über 700 Jahren lehren die Priester der hinduistischen Religion ihre Anhänger - und das ist mit 80 Prozent der Bevölkerung die Mehrzahl der Inder - den Verzicht auf Fleisch.

Kochtip

- Bereiten Sie den Teig für die Bällchen unbedingt als erstes zu, damit das Kichererbsenmehl quellen kann, während die Sauce zubereitet wird.
- Die Gemüsebällchen eignen sich hervorragend zum Einfrieren. Dazu die fertigen Bällchen einfach in Folie einschweißen oder in eine Gefrierbox füllen.

Serviertip

Lassen Sie die Sauce weg und reichen Sie Mango-Chutney zu den Gemüsebällchen. Außerdem paßt Reis sehr gut.

Süßes oder salziges Lassi – ein indisches Joghurtgetränk – sorgt für authentischen Genuß.

SERVIERTIP Als Vorspeise oder Beilage paßt sehr gut ein Sprossensalat, der mit Sojasauce gewürzt ist.

Am besten schmeckt grüner Tee oder Jasmintee. Zum Abschluß einen Pflaumenwein servieren.

GEBRATENER GEMÜSEREIS

CHINA

Ein Gericht, wie es Restaurants und Garküchen in China anbieten: Gebratener Reis mit einer bunten Gemüsemischung wird exotisch mit Ingwer, Sojasauce und Kurkuma gewürzt.

ZUTATEN
(Für 4 Portionen)

- 400 g Langkornreis
- Salz, schwarzer Pfeffer
- 2 Fleischtomaten
- ½ Bund Frühlingszwiebeln
- 2 grüne Paprikaschoten
- 2 große Möhren
- 250 g Champignons
- 3 Knoblauchzehen
- 3 cm frische Ingwerwurzel
- 3 EL Sojasauce
- 3 TL gemahlene Kurkuma (siehe Zutatentip)
- 1 Msp. Cayennepfeffer

AUSSERDEM

- 4 EL Öl zum Braten

ZUTATENTIP

Kurkuma, auch Gelbwurz genannt, sorgt für eine kräftige gelbe Farbe und dezenten Geschmack. Sie erhalten das Gewürz im Asienladen oder gutsortierten Supermarkt.

1 Reichlich Salzwasser aufkochen und den Reis darin zugedeckt bei milder Hitze in etwa 20 Minuten ausquellen lassen.

2 Inzwischen Tomaten blanchieren, enthäuten, entkernen und kleinwürfeln. Frühlingszwiebeln putzen, waschen, in schmale Ringe schneiden. Paprikaschoten vierteln, putzen, waschen und quer in ½ cm breite Streifen schneiden. Möhren schälen und grob raspeln. Champignons putzen und je nach Größe halbieren oder vierteln. Knoblauch sowie Ingwer schälen und fein hacken. Reis in ein Sieb abgießen und abtropfen lassen.

3 In einer breiten Pfanne 2 EL Öl erhitzen. Die Champignons bei mittlerer Hitze 5 Minuten darin anbraten. Knoblauch und Ingwer untermischen. Frühlingszwiebeln, Möhren, Tomatenwürfel und Paprikastreifen dazugeben. Sojasauce dazugeben, 5 Minuten dünsten, dann aus der Pfanne nehmen.

4 Das restliche Öl in der Pfanne erhitzen. Den Reis dazugeben und die Kurkuma unterrühren, so daß die Körnchen gelb gefärbt sind. Mit Salz, Pfeffer und Cayennepfeffer würzen. Gemüse unterrühren, weitere 3 Minuten braten und abschmecken.

Schritt 2

Schritt 3

Schritt 4

Zubereiten **45** Min. Garen **30** Min.
Pro Portion: 498 kcal/2085 kJ;
10 g EW; 13 g F; 84 KH

TYPISCH CHINESISCH

Experten vermuten die Heimat der Frühlingszwiebeln in Zentral- oder Westchina. Kein Wunder also, daß die lauchähnlichen Zwiebeln beliebte Zutat in pfannengerührten Gerichten sind, und wer das Gemüse nicht selbst anbaut, kann es auf einem der vielen Märkte erstehen.

Reisnudeln mit Sojasprossen

Vietnam

Im Handumdrehen läßt sich dieses leichte Gericht auf den Tisch zaubern. Die Reisnudeln werden nur kurz eingeweicht und kommen dann zum gebratenen Gemüse in die Pfanne.

ZUTATEN
(Für 4 Portionen)

- 300 g breite Reisnudeln (siehe Zutatentip)
- 350 g frische Sojabohnenkeime (siehe Zutaten- und Kochtip)
- 2 Bund Frühlingszwiebeln
- 3 Knoblauchzehen
- 3 cm frische Ingwerwurzel
- 1 großes Bund Koriander
- je 3 EL Soja- und Sesamöl
- 6 EL Sojasauce
- schwarzer Pfeffer

Zutatentip

- Die Reisnudeln gibt es in gutsortierten Supermärkten oder in Asienläden zu kaufen.
- Frische Sojabohnenkeime bekommen Sie mittlerweile in Supermärkten oder Gemüsegeschäften. Sollten sie dennoch einmal nicht erhältlich sein, können Sie auf Dosenware zurückgreifen.

1 Die Reisnudeln in eine Schüssel füllen, mit heißem Wasser überbrühen und 5 Minuten ziehen lassen. Die Nudeln in ein Sieb abgießen und gut abtropfen lassen.

Schritt 1

2 Die Sojabohnenkeime in ein Sieb geben, kalt abbrausen und gut abtropfen lassen. Die Frühlingszwieben putzen, waschen und in schmale Ringe schneiden. Die Knoblauchzehen und die Ingwerwurzel schälen. Die Ingwerwurzel fein hacken. Den Koriander waschen und trockenschütteln. Die Blättchen abzupfen und fein hacken.

Schritt 2

3 Das Soja- und das Sesamöl in einer breiten Pfanne oder einem Wok erhitzen. Den gehackten Ingwer kurz darin anbraten, den Knoblauch dazupressen. Die Frühlingszwiebelringe und die Sojabohnenkeime untermischen und bei starker Hitze 5 Minuten garen. Mit Sojasauce und Pfeffer würzen.

4 Die Reisnudeln vorsichtig unterheben und alles zusammen in weiteren 5 Minuten fertiggaren. Zum Schluß den gehackten Koriander einstreuen.

Schritt 4

Zubereiten **25** Min. Garen **15** Min.
Pro Portion: 230 kcal/1260 kJ;
3 g EW; 13 g F; 47 g KH

Typisch vietnamesisch

Ein Jahrtausend chinesische Herrschaft hat in Vietnam unauslöschliche Spuren in allen Lebensbereichen hinterlassen, was sich auch in der Küche bemerkbar macht. Besondere Bedeutung fällt dabei der Einführung des Buddhismus zu, mit der sich eine feine und vielfältige vegetarische Küche entwickelte.

KOCHTIP

Ziehen Sie die Sojabohnenkeime doch einmal selbst, das geht ganz leicht: Im Samenhandel oder Reformhaus gibt es dafür spezielle Keimsaaten zu kaufen, mit denen die Anzucht sicher gelingt. Die Samen in ein Einmachglas geben, mit Gaze abdecken und täglich mit kaltem Wasser spülen. Wasser immer abgießen.

SERVIERTIP

Fleischliebhaber mischen noch gekochte Garnelen oder fritierte Hähnchenbrustwürfel unter die Nudeln.

Servieren Sie Ihren Gästen zu den Nudeln ein Glas Reiswein, den Sie im Asienladen erhalten.

SÜSS-SAURER CHINAKOHL

THAILAND

In thailändischen Töpfen schmurgelt so allerhand Süß-saures. Auch dieses ungewöhnliche Gericht aus zartem Chinakohl, saftiger Ananas und exotischen Gewürzen reiht sich da ein.

ZUTATEN

(Für 4 Portionen)

- 1 große Ananas
- 1 Chinakohl (etwa 750 g; siehe Zutatentip)
- 2 cm frische Ingwerwurzel
- 2 EL Sojaöl
- 2 EL Sesamöl (siehe Zutatentip)
- 2 EL Tomatenmark
- 4 EL Sojasauce
- 2 TL Speisestärke
- 300 ml Gemüsebrühe
- 1 TL Fünf-Gewürz-Pulver
- Salz, schwarzer Pfeffer
- ½ Bund Koriander

ZUTATENTIP

- Einen Teil des Chinakohls können Sie sehr gut durch Sojabohnenkeime ersetzen.
- Sesamöl hat einen leicht nussigen Geschmack und gibt dem Gericht eine besonders feine Würze, ist jedoch recht teuer. Notfalls können Sie einfach mehr Sojaöl verwenden.

1 Die Ananas vom Schopf sowie dem Stielende befreien und großzügig schälen. Die Frucht vierteln und dabei den Strunk herausschneiden. Das Fruchtfleisch in 1 cm große Stücke schneiden.

Schritt 1

2 Den Chinakohl putzen, vierteln und den Strunk entfernen. Die Kohlviertel quer in 2 cm breite Streifen schneiden, waschen und in einem Sieb gut abtropfen lassen. Die Ingwerwurzel schälen und fein hacken.

Schritt 2

3 Das Soja- und das Sesamöl zusammen in einer großen Pfanne oder einem Wok erhitzen. Den Chinakohl und den Ingwer darin 3 Minuten bei mittlerer Hitze unter Rühren andünsten. Die Ananas, das Tomatenmark sowie die Sojasauce untermischen und alles weitere 5 Minuten unter Rühren dünsten.

Schritt 4

4 Die Speisestärke mit etwas Gemüsebrühe anrühren. Dann mit der restlichen Gemüsebrühe verrühren, zu dem Gemüse in die Pfanne gießen und kurz aufkochen lassen. Das Gemüse mit Fünf-Gewürz-Pulver, Salz und Pfeffer würzen. Den Koriander waschen und trockenschütteln. Die Blättchen abzupfen und erst kurz vor dem Servieren unter das Gemüse mischen oder darüberstreuen.

Zubereiten **20** Min. Garen **30** Min.
Pro Portion: 226 kcal/1073 kJ;
17 g EW; 11 g F; 35 g KH

TYPISCH THAILÄNDISCH

Mit viel Liebe zum Detail entstehen in Thailand aus Gemüse kleine Kunstwerke, und die Kunst des Gemüseschnitzens kann man gar an der Hochschule erlernen! Alltägliche pfannengerührte Gerichte werden zwar nicht ganz so aufwendig zubereitet, doch geschmacklich stehen sie den festlichen Tafeln in nichts nach.

Kochtip

- Beim Pfannenrühren werden die Zutaten unter ständigem Rühren in heißem Öl in einem Wok gegart. Dabei bleiben die Zutaten knackig und behalten ihr Aroma sowie ihre wertvollen Inhaltsstoffe.
- Wer mag, kann zum Schluß 2 EL Sesamsamen in einer Pfanne anrösten und über das Gemüse streuen.

Serviertip

Richten Sie das Gemüse in einem Nest aus Reisnudeln an, und reichen Sie als Dessert exotische Früchte.

Grüner Tee oder Jasmintee geben dem Essen ein besonders thailändisches Flair.

ÜBERBACKENE KÄSEKARTOFFELN

AUSTRALIEN

Schon während des Garens im Ofen verströmen Kartoffeln und Gemüse, die mit würzigem Käse gratiniert werden, einen unwiderstehlichen Duft und versprechen ein delikates Mahl.

ZUTATEN
(Für 4 Portionen)

- 800 g mittelgroße mehligkochende Kartoffeln
- 300 g Erbsen (siehe Zutatentip)
- 300 g Möhren (siehe Zutatentip)
- 1 Stange Lauch (etwa 150 g)
- Salz, schwarzer Pfeffer
- geriebene Muskatnuß
- 150 g Roquefort
- 300 g Crème fraîche
- 1 Bund Petersilie

AUSSERDEM

- Fett für die Form

ZUTATENTIP

Die Erbsen und Möhren gibt es auch als Tiefkühl-Mischung in Packungen von 300 g zu kaufen. Damit verkürzt sich die Zubereitungszeit entsprechend, denn Vorbereiten und Blanchieren entfallen.

1 Die Kartoffeln waschen, in einen Topf geben, knapp mit Wasser bedecken und zugedeckt 25 Minuten garen.

2 Die Erbsen aus den Schalen palen. Die Möhren schälen und kleinwürfeln. Den Lauch putzen, waschen und in schmale Ringe schneiden. Reichlich Salzwasser aufkochen. Erst die Erbsen 3 Minuten, dann die Möhrenwürfel 4 Minuten und zuletzt die Lauchringe 2 Minuten blanchieren. Das Gemüse eiskalt abschrecken und sehr gut abtropfen lassen.

3 Den Backofen auf 220 °C vorheizen. Eine Gratinform ausfetten. Die Kartoffeln pellen, längs halbieren und mit der Schnittfläche nach unten in die Gratinform legen. Mit Salz und Pfeffer würzen. Das Gemüse in einer Schüssel vermischen, mit Salz, Pfeffer sowie Muskatnuß kräftig würzen und dann um die Kartoffeln in der Form verteilen.

4 Den Roquefort mit einer Gabel zerdrükken, mit der Crème fraîche verrühren und mit Salz sowie Pfeffer würzen. Petersilie waschen, trockenschütteln, die Blättchen fein hacken und untermischen. Die Käsecreme auf dem Gemüse verteilen und alles 30 Minuten (Gas 3; Umluft 200 °C) überbacken.

Schritt 2

Schritt 3

Schritt 4

Zubereiten **40** Min. Backen **30** Min.
Pro Portion: 640 kcal/2690 kJ;
19 g EW; 42 g F; 44 g KH

TYPISCH AUSTRALISCH

Die Anfänge des Gemüseanbaus in Australien waren alles andere als erfolgreich, denn den europäischen Einwanderern fehlte die Erfahrung mit den Eigenarten des Landes. Chinesen, die sich später dort ansiedelten, halfen ihnen schließlich auf die Sprünge, und heute wächst in Australien so ziemlich jede Gemüsesorte.

Kochtip

Die Käsekartoffeln sind das ideale Gericht zur Resteverwertung: Übriggebliebene Pellkartoffeln vom Vortag und Gemüse aller Art, etwa Blumenkohl und Brokkoli, können mit der herzhaften Käsecreme im Ofen überbacken werden. So haben Sie schnell ein komplettes Essen auf dem Tisch stehen.

Serviertip

Bereiten Sie nur die Hälfte der Käsekartoffeln zu, und servieren Sie diese zu einem saftigen Steak.

Australischer Rotwein, etwa ein Shiraz oder Cabernet Sauvignon, schmecken dazu am besten.

Pappardelle auf kalifornische Art

USA

Kaum etwas harmoniert besser mit Gemüse und Kräutern als Nudeln »mit Biß«. Ihre zahlreichen Nudelgerichte verdanken die Amerikaner hauptsächlich den italienischen Einwanderern.

ZUTATEN
(Für 4 Portionen)

- 250 g Pappardelle (siehe Zutatentip)
- Salz, schwarzer Pfeffer
- 200 g Möhren
- 250 g Zucchini
- 150 g Zuckerschoten
- 2 Schalotten (siehe Zutatentip)
- 3 EL Olivenöl
- 250 g Champignons
- 2 Knoblauchzehen
- je ½ TL frischer Oregano und Thymian
- 1 Bund Basilikum
- 1 Bund Petersilie

Zutatentip

- Pappardelle sehen mit dem Gemüse sehr schön aus, Sie können aber auch andere Nudelsorten verwenden.
- Schalotten haben einen feinen Geschmack, notfalls schmeckt das Gericht jedoch auch mit anderen Zwiebeln.

1 Die Nudeln in reichlich Salzwasser nach Packungsanleitung bißfest kochen, in ein Sieb abgießen und gut abtropfen lassen.

2 Möhren schälen, Zucchini putzen und waschen. Beide Gemüsesorten kleinwürfeln. Zuckerschoten waschen und putzen. Reichlich Salzwasser zum Kochen bringen. Möhren, Zucchini und Zuckerschoten je 3 Minuten blanchieren. Eiskalt abschrecken und abtropfen lassen (siehe Kochtip).

3 Inzwischen Schalotten schälen und fein hacken. Olivenöl in einer breiten Pfanne erhitzen und Schalotten darin bei schwacher Hitze glasig werden lassen. Champignons putzen, je nach Größe halbieren oder vierteln. In die Pfanne geben und 10 Minuten bei schwacher Hitze mit andünsten. Knoblauch schälen, dazupressen. Salzen und pfeffern.

4 Gemüse und Nudeln zu den Pilzen in die Pfanne geben. Alles mit Salz, Pfeffer, Oregano und Thymian würzen und zugedeckt etwa 5 Minuten erwärmen. Inzwischen Basilikum sowie Petersilie waschen und trockenschütteln. Die Blättchen fein hacken und vor dem Servieren untermischen.

Schritt 2

Schritt 3

Schritt 4

Zubereiten **30** Min. Garen **30** Min.
Pro Portion: 345 kcal/1440 kJ;
13 g EW; 10 g F; 50 g KH

Typisch kalifornisch

Führender Wirtschaftszweig im Bundesstaat Kalifornien ist die Landwirtschaft, mit der sowohl Groß- als auch Kleinbetriebe ihren Lebensunterhalt verdienen. Hauptsächlich werden Gemüse, Obst und Getreide produziert, doch ohne künstliche Bewässerung wäre diese intensive Nutzung nicht möglich.

Kochtip

- Das Gemüse behält seine Farbe besonders gut, wenn Sie es sofort nach dem Blanchieren kurz in Wasser mit Eiswürfeln tauchen.
- Eine köstliche Variante: das fertige Gericht in eine gefettete Gratinform füllen, mit geriebenem Käse bestreuen und im Backofen überbacken.

Serviertip

Käseliebhaber servieren frisch geriebenen Parmesan dazu. Als Dessert paßt Vanilleeis mit Früchten sehr gut.

Typisch dazu ist ein leichter Chardonnay aus Kalifornien oder ein gut gekühltes Bier.

SERVIERTIP Reichen Sie das Gericht als Vorspeise, und servieren Sie als Hauptgang einen Bohneneintopf.

Mexikanisches Bier, das es bei uns mittlerweile auch zu kaufen gibt, oder Fruchtsaft servieren.

TORTILLAKÖRBCHEN MIT BUNTER FÜLLUNG

MEXIKO

Ein Gericht für heiße Tage oder den kleinen Hunger: Knusprig fritierte Tortillaschälchen sind mit knackigem Salat, einem Klacks Avocadocreme und frischen Tomatenstückchen gefüllt.

ZUTATEN
(Für 4 Portionen)

FÜR DIE TORTILLAKÖRBCHEN

- 350 g Mehl
- Salz

FÜR DIE FÜLLUNG

- 2 reife Avocados
- Salz, schwarzer Pfeffer
- Cayennepfeffer
- 4 EL Zitronensaft
- 1 große Zwiebel
- 2 Bund Koriander
- 4 kleine Fleischtomaten
- 4 Knoblauchzehen
- 8 EL Olivenöl
- 1 kleine Salatgurke
- 1 Bund Radieschen
- 4 EL Essig
- 2 EL Keimlinge (z. B. Radieschenkeimlinge)

AUSSERDEM

- ½ l Öl zum Fritieren
- Mehl für die Arbeitsfläche
- Zitronenspalten zum Garnieren

1 Mehl, 1 TL Salz und 200 ml Wasser verkneten. Fritieröl erhitzen. Teig achteln, auf bemehlter Fläche zu Kreisen von 12 cm Ø ausrollen. Ränder hochdrücken, so daß Schalen entstehen. Schalen in 4 Minuten hellbraun fritieren, dabei einmal wenden. Die Körbchen auf Küchenpapier abtropfen lassen.

Schritt 1

2 Avocados halbieren, Fruchtfleisch herauslösen, mit einer Gabel zerdrücken. Mit Salz, Pfeffer, Cayennepfeffer und Zitronensaft würzen. Zwiebel schälen, hacken, untermischen. Koriander waschen, trockenschütteln, fein hacken und unter die Avocado mischen.

Schritt 2

3 Die Tomaten blanchieren, enthäuten, entkernen, fein hacken. Knoblauch schälen, 1 Zehe dazupressen. 2 EL Olivenöl untermischen, mit Salz, Pfeffer und Cayennepfeffer würzen. Gurke und Radieschen waschen, in Scheiben schneiden. Essig, restliches Olivenöl, Salz und Pfeffer zu einer Marinade rühren, restlichen Knoblauch dazupressen. Gurke und Radieschen mit der Marinade mischen.

4 Salat in die Körbchen füllen und je einen Klacks Tomaten- sowie Avocadosauce daraufgeben. Mit Keimlingen bestreuen. Zitronenspalten nach Belieben dazu reichen.

Schritt 4

Zubereiten **40** Min.
Fritieren **10** Min.
Pro Portion: 435 kcal/1830 kJ; 7 g EW; 29 g F; 36 g KH

TYPISCH MEXIKANISCH

Ein alter Brauch im mexikanischen Bundesstaat Oaxaca: Am 1. November werden verstorbenen Angehörigen auf Altären allerlei Leckerbissen serviert. Wer das versäumt – so fürchten zumindest die Bewohner –, der muß damit rechnen, von Geistern heimgesucht zu werden.

FEURIGE AUBERGINEN IN KOKOSSAHNE

JAMAIKA

Saftige, gebratene Auberginenscheiben mit der »Hitze« von Chilischoten und einem exotischen Kokosnußgeschmack lassen vergangene Urlaubstage in der Karibik wieder aufleben.

ZUTATEN
(Für 4 Portionen)

- 3 kleine Zwiebeln
- je 1 rote und grüne Chilischote (siehe Zutatentip)
- 1,2 kg mittelgroße Auberginen
- 4 EL Erdnußöl
- Salz, schwarzer Pfeffer
- 2 Limetten
- 1 Dose Kokosmilch (400 ml; siehe Kochtip)
- 200 g Schlagsahne

AUSSERDEM
- Öl für die Form

ZUTATENTIP
Die Chilischoten können Sie durch ½ TL Cayennepfeffer ersetzen. Falls jemand nicht so gerne scharf ißt, eignen sich auch grüne und rote Paprikaschoten, die in Würfel geschnitten mit den Zwiebeln über die Auberginenscheiben gestreut werden.

1 Die Zwiebeln schälen und fein hacken. Die Chilischoten längs aufschlitzen, von Stielansätzen sowie Samensträngen befreien, unter fließend kaltem Wasser gut waschen und in sehr feine Ringe schneiden.

Schritt 1

2 Die Auberginen waschen, putzen, mit Küchenpapier trockenreiben und in etwa 1 cm dicke Scheiben schneiden. Je 2 EL Öl in 2 großen Pfannen erhitzen und die Auberginenscheiben darin bei mittlerer Hitze auf jeder Seite 1 Minute anbraten. Herausnehmen, auf Küchenpapier kurz abtropfen lassen und mit Salz und Pfeffer würzen. Den Backofen auf 180 °C vorheizen.

Schritt 2

3 Eine Gratinform ausfetten, die Hälfte der Auberginenscheiben darin verteilen. Die Limetten auspressen, die Auberginenscheiben mit der Hälfte des Saftes beträufeln. Die Hälfte der Zwiebeln und der Chilischotenringe darauf verteilen. Mit restlichen Auberginenscheiben bedecken, mit Limettensaft beträufeln, mit Zwiebeln und Chilis bestreuen.

Schritt 3

4 Die Kokosmilch mit der Sahne verrühren, mit Salz sowie Pfeffer würzen und über die Auberginen gießen. Im Ofen (Gas 2; Umluft 160 °C) in etwa 30 Minuten garen.

Zubereiten **30** Min. Garen **30** Min.
Pro Portion: 325 kcal/1360 kJ; 5 g EW; 11 g F; 15 g KH

TYPISCH JAMAIKANISCH
Nichts liegt näher, als auf der Karibikinsel Jamaika mit Kokosnüssen zu kochen, denn schließlich kann man sie dort frisch vom Baum pflücken. Das Fruchtwasser junger Kokosnüsse genießen die Bewohner auch gerne als gesunde Erfrischung eisgekühlt mit einem Strohhalm direkt aus der Schale.

KOCHTIP

Falls Kokosmilch nicht erhältlich ist, stellen Sie so Ersatz her: 100 g Kokosraspel in einer Schüssel mit ¼ l kochendem Wasser oder kochender Schlagsahne übergießen und 30 Minuten ziehen lassen. Dann die Kokosraspel gut ausdrücken, dabei die Flüssigkeit auffangen und als Milch im Rezept weiterverwenden.

SERVIERTIP

Als Vorspeise paßt eine gekühlte Avocadosuppe mit Limettenscheiben, dazu schmeckt Weißbrot.

Ein Cocktail mit Rum oder Fruchtsaft, serviert mit einem Strohhalm, schafft karibische Atmosphäre.

KÜCHEN-LEXIKON

Vegetarische Gerichte gelingen noch leichter, wenn Sie unser Küchen-Lexikon zu Hilfe nehmen, das Zutaten und Kochbegriffe erläutert.

ABLÖSCHEN
Kalte oder warme Flüssigkeit wird angebratenem Gemüse, Fleisch oder Fisch zugegossen.

BLANCHIEREN

Gemüse wird kurz in kochendem Wasser gegart, dann mit eiskaltem Wasser abgeschreckt. So bleibt die Farbe erhalten und Tomaten lassen sich häuten.

CHEDDAR
Britischer Schnittkäse mit einem Fettgehalt von mindestens 48 % Fett i.Tr. Mittlerweile gehört Cheddar weltweit zu den am weitesten verbreiteten Käsesorten. Er eignet sich besonders gut zum Überbacken.

FRITIEREN
Ausbacken von Gerichten (meist von Teigen oder in Teig gehüllten Lebensmitteln) in heißem Öl oder Fett. Das Fritierfett muß heiß genug sein, damit sich das Fritiergut nicht damit vollsaugen kann und sich schnell eine goldbraune Kruste bildet.

FÜNF-GEWÜRZ-PULVER
Die beliebte Gewürzmischung für chinesische Gerichte besteht zu gleichen Teilen aus Nelken, Sternanis, Dillsamen, Zimtrinde, Pfeffer und Ingwer.

GEMÜSEBRÜHE (GEMÜSEFOND)
Brühwürfel oder Instantbrühen gibt es zwar in guter Qualität zu kaufen, doch selbstgemacht schmeckt sie am besten: Für 1 l Brühe 2 Gemüsezwiebeln und 500 g Suppengemüse (Lauch, Sellerie, Möhren, Petersilienwurzel) in 20 g Butter anschwitzen. Mit 2 l Wasser ablöschen, Gewürze nach Geschmack (Lorbeer, Thymian, Rosmarin) dazugeben und alles 45 Minuten köcheln lassen. Durch ein Sieb in einen Topf passieren und die Brühe auf 1 l einkochen (reduzieren). Die Brühe hält sich im Kühlschrank 3-4 Tage, sie läßt sich aber auch einfrieren.

GRÜNKERN
Unreif geernteter und gedarrter Dinkel, der sich mit seinem würzigen Aroma sehr gut für Aufläufe, Suppen und Bratlinge eignet.

INGWER
Die Wurzelknolle mit dem scharf-würzigen Geschmack ist in Asien ein beliebtes Gewürz für Gemüsegerichte.

KEIMLINGE
Gekeimte Samen, wie Radieschen- oder Sojabohnenkeime, enthalten jede Menge Vitamine und Mineralstoffe.

WER ISST WAS?
Hier erfahren Sie, welche Gruppen von Vegetariern es gibt, und was diese essen.

Ovo-Lacto-Vegetarier
Wer auf Fleisch und Fleischprodukte sowie Fisch verzichtet, jedoch Eier, Milch- und Milchprodukte verzehrt, gehört zur Gruppe der Ovo-Lacto-Vegetarier. Eine abwechslungsreiche Zusammenstellung des Speiseplans mit allen anderen Lebensmitteln sorgt für alle lebensnotwendigen Nährstoffe.

Lacto-Vegetarier
Lacto-Vegetarier verzichten außer auf Fleisch, Fleischprodukte und Fisch auch auf Eier. Milch- und Milchprodukte sowie Getreide sorgen für hochwertiges Eiweiß.

Veganer
Am strengsten sind die Veganer, die keinerlei tierische Produkte essen und teilweise sogar Honig ablehnen. Auf dem Speiseplan stehen hauptsächlich Gemüse, Obst, Getreide und Getreideprodukte, Hülsenfrüchte, Nüsse und Samen.

Spezielle Keimgeräte erleichtern die Anzucht, doch es funktioniert auch in einem Einmachglas, das mit einem Stück Gaze abgedeckt wird. Wichtig ist, daß die Keime täglich mit kaltem Wasser abgespült werden. Nach dem Spülen muß das Wasser wieder gut ablaufen können, damit die Keimlinge nicht schimmeln.

KORIANDER

In Nord- und Mitteleuropa verwendet man hauptsächlich die Koriandersamen, in Asien und Südamerika zieht man das intensiv schmeckende Kraut vor.

KREUZKÜMMEL (CUMIN)

Die Samen haben zwar die Form des uns bekannten Kümmels, sind aber größer und schmecken scharf-bitter. Nur wenig davon verleiht den Gerichten ihren charakteristischen Geschmack.

PASTETE

Eine beliebige Füllung wird von einer dünnen Schicht Hefe-, Nudel- oder Blätterteig umhüllt und im Ofen gebacken.

REISNUDELN

Fast durchsichtige Nudeln aus Reismehl mit sehr kurzer Kochzeit. Oft reicht es, die Nudeln in heißem Wasser einzuweichen.

ZUTATEN, DIE IN DER VEGETARISCHEN KÜCHE EINE GROSSE ROLLE SPIELEN

Eier
Eier liefern nicht nur hochwertiges Eiweiß, sondern geben Teigen, Füllungen und Aufläufen oft erst den richtigen Zusammenhalt.

Gemüse
Ganz klar die Nummer Eins in der vegetarischen Küche: Ob als Füllung oder selbst gefüllt, ob aus Pfanne, Topf oder Ofen – frisches Gemüse muß nicht immer nur als Beilage auf den Tisch kommen.

Getreide & Getreideprodukte
Zwar zählt Getreide noch heute zu den weltweit wichtigsten Nahrungsmitteln, doch bei uns wurde es durch den zunehmenden Fleischkonsum immer mehr vom Speiseplan verdrängt. Erst in den letzten Jahren hat Getreide durch neue vegetarische Gerichte wieder an Beliebtheit gewonnen. Für jeden, der gerne Fleisch ißt, aber hin und wieder darauf verzichten möchte, eignen sich vor allem würziger Grünkern, milder Hafer und Reis als Abwechslung auf dem Tisch.

Hülsenfrüchte
Hülsenfrüchte sind besonders eiweiß- und ballaststoffreich und sollten deshalb auf keinem Speiseplan fehlen. Während bei uns grüne Erbsen und Bohnen zahlreiche Gerichte bereichern, verstehen sich Asiaten und Afrikaner meisterlich auf die Zubereitung wohlschmeckender Kichererbsengerichte, wie Eintöpfe oder Fritiertes.

Kräuter & Gewürze
Damit der Eigengeschmack zarter Gemüsesorten so richtig zur Geltung kommt, wird mit Kräutern und Gewürzen abgeschmeckt. Dadurch kann sparsamer gesalzen werden – ein großes Plus für die Gesundheit!

Milch & Milchprodukte
Viele der vegetarischen Gerichte wären einseitig, gäbe es keine Milchprodukte. Lebenswichtiges Kalzium, das Fleisch nur in sehr geringen Mengen enthält, und wertvolles Eiweiß machen sie so gesund.

Öle
Gerade in der internationalen vegetarischen Küche wird an Pflanzenölen nicht gespart. Sonnenblumen-, Nuß-, Sesam-, Oliven-, Soja- und Distelöl bringen neben ihrem Aroma viele gesunde Vitamine und Fettsäuren ins Essen. Kaltgepreßte Öle eignen sich für Salate, raffinierte Öle zum Braten und Kochen.

Menüvorschläge

Verwöhnen Sie Ihre Gäste mit einem vegetarischen Menü: Unsere Vorschläge für Vorspeisen und Desserts helfen Ihnen dabei, die richtigen Kombinationen aus aller Welt zu finden.

Spanien

Überbackene Zucchini »La Mancha« 6/7
Knoblauchsuppe
Orangensorbet

Griechenland

Fleischtomaten mit Reis-Kräuter-Füllung 8/9
Weißer Bohnensalat
Walnußkuchen

Türkei

Auberginen »Imam Bayildi« 10/11
Brot mit Kichererbsenpüree
Türkischer Honig

Italien

Rustikales Pilzrisotto 12/13
Gebratene Oliven
Gefüllte Pfirsiche

Tomaten-Basilikum-Pizza 14/15
Radicchio-Salat mit Croûtons
Tiramisu

Österreich

Waldviertler Gemüsestrudel 18/19
Grießnockerlsuppe
Zwetschgenkompott mit Zimt

Schweiz

Emmentaler Gemüsequiche 20/21
Rucolasalat mit Walnüssen
Schokoladenkonfekt

Deutschland

Badischer Grünkern-Gemüse-Auflauf 22/23
Kräftige Bouillon mit Flädle-Einlage
Apfelküchle mit Vanillesauce

Irland

Irischer Brotauflauf 24/25
Gemüsegefüllte Pilzköpfe
Irish Coffee

Schweden

Värmländer Gemüsezwiebeln 26/27
Rote-Bete-Salat
Waffeln mit Kirschsahne

Tschechien

Böhmische Kartoffelnudeln 28/29
Biersuppe
Schokoladenpudding

Ungarn

Fritierte Käsebällchen »Balaton« 30/31
Paprikasalat
Tokajer Pflaumen

Rezeptregister

Impressum

Rezepte: Cornelia Adam
Illustrationen: Rita Mühlbauer

Bildnachweis
Alle Titel- und Rezeptfotos:
Meister Verlag/International Masters Publisher B.V.
Barbara Bonisolli, Michael Brauner, Fotostudio Pfisterer
Einleitung: 4 Schapowalow, Thiele; 4 Schapowalow, Müller; 4 Focus, Irrgang; 4/5 Huber, Giovanni; 5 Mauritius, Scholz; 5 Mauritius;
Fotos zu den »Typisch-Abschnitten«: 7 Schapowalow, Picker; 8 Schapowalow, Sperber; 10 Stone, DeVore; 12 Huber, Giovanni; 14 Fotex, Cristofori; 18 Huber, Geiersperger; 22 Magazin; 24 Bavaria; 27 Anzenberger, Scata; 28 Kalmár; 30 Kalmár; 32 Huber; 34 Bernd Vogel; 36 Anzenberger, Sioen; 38 Fotoarchiv, Bolesch; 40 Focus, Garrett; 44 Bavaria, Assmann; 47 Schapowalow, Pratt-Pries; 48 Fotex, Allgöwer; 50 Schapowalow, Aspect; 52 Silvestris, Janicek; 54 Focus, Gerlach; 57 Focus; 58 Photopress;

Reproduktionen Meyle+Müller GmbH+Co., Pforzheim
Computer to plate: S-B-P-S GmbH Kirchberg
Druck und Weiterverarbeitung: Sebald Sachsendruck Plauen

ISBN 3-88477-017-9